DESCRIPTION

DU

PORT DE CALAIS

ET DE

SES ABORDS,

PUBLIÉE PAR LA CHAMBRE DE COMMERCE DE CALAIS.

CALAIS,

Impr. de D. Le Roy, rue des Boucheries, n° 218.

1857.

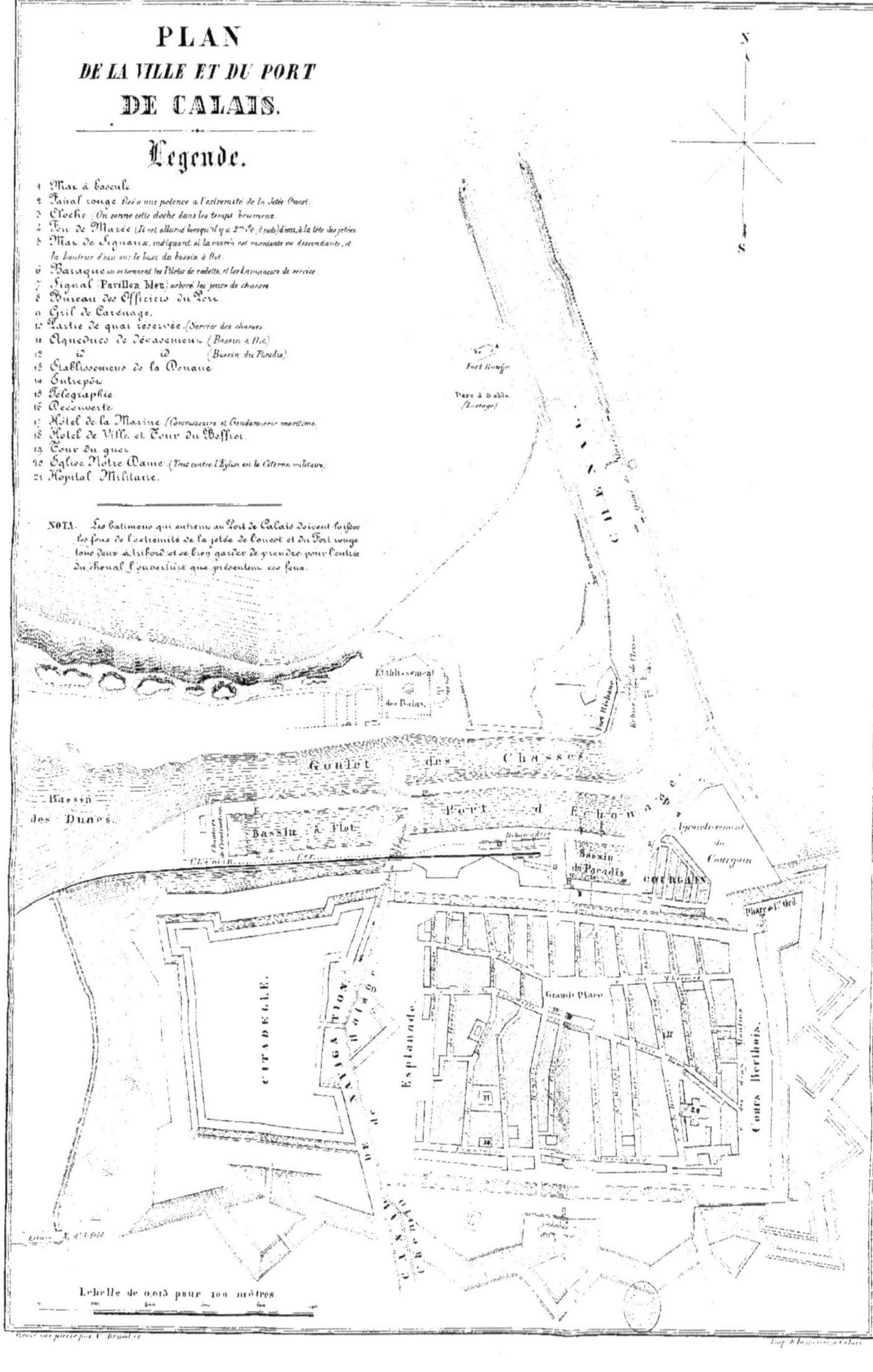

PLAN
DE LA VILLE ET DU PORT
DE CALAIS.
Legende.
1 Mât à bascule
2 Fanal rouge fixé à une potence à l'extrémité de la Jetée Ouest.
3 Cloche (On sonne cette cloche dans les temps brumeux.
4 Feu de Marée (Il est allumé lorsqu'il y a 2m.50 (8 pieds) d'eau, à la tête des jetées.
5 Mât de Signaux, indiquant si la marée est montante ou descendante, et la hauteur d'eau sur le buse du bassin à flot.
6 Baraque où se tiennent les Pilotes de vedette, et les Lamaneurs de service.
7 Signal (Pavillon bleu) arboré les jours de chasses.
8 Bureau des Officiers du Port.
9 Gril de Carénage.
10 Partie de quai réservée (Service des chasses.
11 Aqueducs de l'évasement (Bassin à flot.)
12 id id (Bassin du Paradis.)
13 Etablissement de la Douane.
14 Entrepôt.
15 Télégraphie.
16 Découverte.
17 Hôtel de la Marine (Commissaire et Gendarmerie maritime.
18 Hôtel de Ville et Tour du Beffroi.
19 Tour du guet.
20 Eglise Notre Dame (Tout contre l'Eglise est la Citerne militaire.
21 Hôpital Militaire.

NOTA. Les bâtiments qui entrent au Port de Calais doivent laisser les feux de l'extrémité de la jetée de l'ouest et du Fort rouge tous deux à tribord et se bien garder de prendre pour l'entrée du chenal l'ouverture que présentent ces feux.

N
S
Fort Rouge
Parc à Sable
(Lestage)
Etablissement des Bains
Fort Risban
Goulet des Chasses
Bassin des Dunes
Bassin à Flot
Port d'Echouage
Bassin du Paradis
COURGAIN
Agrandissement du Courgain
Phare à 1er Ord.
CITADELLE
NAVIGATION
Esplanade
Grand'Place
Cours Berthois
Echelle de 0,013 pour 100 mètres

DESCRIPTION

DU

PORT DE CALAIS

ET DE

SES ABORDS,

SUIVIE DES

RÉGLEMENTS ET USAGES

DE CE PORT.

CALAIS,

Impr. de D. Le Roy, rue des Boucheries, n° 213.

1857.

DESCRIPTION

DE LA COTE MÉRIDIONALE

DE LA MER DU NORD

ENTRE

LE CAP GRIS-NEZ ET GRAVELINES.

(Extraits du *Pilote Français.*)

Côte entre le cap Gris-Nez et Calais.

Le cap Blanc-Nez, situé à 6 milles environ au N.-E. 1/4 E. du cap Gris-Nez, doit son nom à la haute falaise de craie blanche qui le termine.

Il ne forme aucune saillie prononcée sur le rivage ; mais ce qui le rend très-remarquable, c'est que le mon-

drain escarpé qui le domine, et sur lequel se trouve un corps-de-garde, visible de fort loin en mer, forme l'extrémité septentrionale d'un rameau de hautes collines qui se rattachent au mont Couple.

Entre les caps Gris-Nez et Blanc-Nez, le rivage fait un coude peu prononcé, au fond duquel on aperçoit le village de Wissant, dont quelques habitants se livrent à la pêche. Depuis un mille environ à l'E. du cap Gris-Nez, où se terminent les falaises de ce cap, jusqu'à 1 mille 5 au N.-E. de Wissant, où recommence l'escarpement, le rivage est bas et bordé de dunes; mais, à peu de distance en arrière de ces dunes, le terrain s'élève et se raccorde avec les pentes des collines qui s'étendent du mont Couple vers le cap Gris-Nez.

La grande saillie que forme ce dernier cap sur le rivage et le brusque changement de gisement que la côte y éprouve, occasionnent, pendant le flot, un remous qui se propage à une grande distance vers le N.-E., et un contre-courant qui longe le rivage depuis les environs de Wissant et se dirige vers le S.-O. C'est vraisemblablement sous l'influence de ce remous que se sont formés les dépôts de sable et de débris de coquilles auxquels on donne le nom de *banc à la ligne*.

Ce banc, qui s'étend jusqu'à 4 milles au N.-E. du cap Gris-Nez, comble actuellement le coude au fond duquel se trouve Wissant, et se porte à 2 milles environ au large du rivage, entre ce village et le cap Blanc-Nez; sa partie la plus élevée découvre dans les basses mers de grandes marées, et, vers son extrémité N.-E., il s'est formé plusieurs amas de sable, ou ridens, sur les plus élevés desquels il reste de 4 à 9 pieds d'eau : on nomme ces hauts-fonds la *Barrière* ; la mer y est grosse quand il vente bon frais dans une direction opposée à celle que suit le courant.

Entre les caps Gris-Nez et Blanc-Nez, le rivage est bordé par une grève de sable, qui découvre et s'étend, sur quelques points, jusqu'à 4 encâblures au large. Devant toutes les parties escarpées du rivage, lesquelles généralement sont formées de craie, il y a des roches qui surgissent dans le sable, et celles d'entre elles qui s'éloignent le plus de la terre, et que l'on nomme les *Gardes*, découvrent de 7 pieds dans les basses mers des plus grandes marées. La partie de ces roches la plus avancée vers le large est à 2 milles au N. 15° E. du clocher de Wissant, et à 1 mille 5 au S. 56° O. du corps-de-garde du cap Blanc-Nez.

Un fond de roche sous-marin, attenant au rivage et en partie recouvert de sable, s'étend de l'ouest à l'est depuis les Gardes jusqu'auprès du village de Sangatte, situé à 2 milles environ au N.-E. 1/4 E. de la haute falaise du cap Blanc-Nez, et se porte à 2 milles au large, depuis le N.-O. jusqu'au N.-E. de ce cap.

La partie la plus élevée de ce fond de roche forme deux plateaux séparés l'un de l'autre et *dangereux pour les bâtiments de toutes grandeurs*. Le plateau de l'ouest, nommé les *Quenocs*, a environ un demi-mille de diamètre ; il reste 7 pieds d'eau sur son sommet en basse mer de grande marée. Ce point dangereux est à

1 mille 5 environ au N. 35° O. du corps-de-garde du Blanc-Nez, et à 2 milles 2 dans l'ouest du clocher de Sangatte.

Le second plateau est plus à terre, et a près d'un mille d'étendue du S.-O. au N.-E. : on le nomme le *Rouge-Riden*. Il est, comme les Quenocs, formé de roches inégales. Quand la mer est basse, il y a 7 pieds d'eau sur la plus haute de ces roches, qui est à 1 mille au N. 21° O. du corps-de-garde du Blanc-Nez. Sur la basse la plus élevée de la partie orientale du Rouge-Riden, il reste 9 pieds d'eau ; cette basse est à 1 mille 3 au N. 4° E. du corps-de-garde du Blanc-Nez et à 1 mille 4 au N. 86° O. du clocher de Sangatte.

La mer est grosse près de ces plateaux, lorsqu'il vente bon frais dans une direction opposée à celle que suit le courant.

On passe à un demi-mille dans le **N.** de la basse orientale du Rouge-Riden en tenant le clocher de Sangatte, vu au S. 62° E., entre les deux moulins de Coquelles.

Ces moulins, situés à 2 milles environ du rivage, sur les dernières pentes d'un rameau de collines qui s'étend dans l'est du cap Blanc-Nez, dominent la plaine et sont bien apparents ; vus de la mer, ils se peignent sur les hautes terres qui bordent l'horizon.

Les dernières pentes des terres élevées qui forment le cap Blanc-Nez, ainsi que le rivage escarpé qui les termine brusquement du côté de la mer, se prolongent vers le **N.-E.** jusqu'à Sangatte, et c'est à ce village même que commence un rivage bordé de dunes , qui , très-basses jusqu'à 1 mille 5 de Sangatte , s'élèvent de plus en plus en approchant de Calais et s'étendant, sur plusieurs rangées parallèles entre elles, jusqu'à 2 ou 3 encâblures du bord de la mer. Les galets siliceux provenant des éboulements des falaises du cap Blanc-Nez sont poussés vers l'ouest, et s'entassent au pied des dunes, sur le haut de la plage de sable qui découvre en avant du rivage ; cette plage, à laquelle on donne le nom d'*Estran* , n'a, devant Sangatte , que 2 encâblures 1/2 de large ; mais au-delà , la laisse de basse-mer s'éloigne du pied des dunes, et , près de la jetée occidentale du port de Calais , l'estran a près d'un demi-mille de largeur. Les fonds qui y sont attenants , sur lesquels il reste moins de 5 brasses d'eau , s'étendent jusqu'à 6 encâblures au large, devant Sangatte . ainsi que devant l'entrée du port de Calais ; le brassiage y est très-inégal , et l'on doit éviter de s'y engager quand la mer est basse.

Entre Calais et Sangatte, les principaux objets visibles de la mer sont les moulins de Coquelles et le moulin de Bas, ou de Nieulay , situé au nord de ceux-ci. Près du rivage on remarque trois ou quatre corps-de-garde de douane, situés sur les dunes, et les bâtiments de la ferme des Salines, que les pilotes , auxquels elles servent d'amer, nomment les *Maisons-rouges*. Elles sont à mi-distance environ de Sangatte à Calais et restent au N. 1/2 E. des moulins de Coquelles.

Le fort Lapin , qui est a un demi-mille vers le N.-E.

de cette ferme, est couvert de sable et ne se voit plus
de la mer.

Calais.

Calais est situé à 11 milles 5 vers le N.-E. 1/4 E. du
cap Gris-Nez.

Calais apparaît de la mer comme une île avec trois
clochers(1) qui offrent des dispositions architectoniques
originales et dont l'aspect ne peut laisser d'incertitude
à quiconque les a vus une fois.

Un peu en avant, dans les retranchemens qui s'étendent au N.-E. de la ville, s'élève la tour d'un phare de
premier ordre. (*Voir plus bas.*)

Côte entre Calais et Gravelines.

Au-delà de Galais jusques à Gravelines, la côte est

---

(1) Le beffroi, la tour du guet, voisine du beffroi, ancien
phare, et le clocher de l'église Notre-Dame, qui est un
peu en arrière et plus à l'est.

encore basse , sablonneuse et en partie bordée par les dunes , qui, en raison de leur peu de hauteur , ne peuvent pas être vues de la mer, en temps ordinaires, au-delà d'une distance de 8 à 9 milles. Les seuls objets de la plaine adjacente que l'on puisse apercevoir de la mer sont : les moulins de Walde , la flèche de l'église d'Oye et les moulins situés près de ce village.

La mer se retire au loin, quand elle est basse, et laisse à sec une plage de sable ou estran qui, dans les grandes marées, a plus d'un mille de largeur entre Calais et le méridien des moulins de Walde.

Les fonds attenants à cet estran , et sur lesquels il reste moins de 25 pieds d'eau quand la mer est basse, s'étendent loin du rivage. Dans le nord de Calais, ils se portent au large à environ 2 milles de la terre. Entre la limite extérieure de ces fonds et la laisse de haute mer, la pente est rapide et inégale , ce qui contribue à rendre la mer très-grosse sur cette partie du rivage, lorsque le vent bat en côte.

Les naufrages sont assez fréquents entre Calais et Gravelines, et c'est presque toujours sur la côte basse comprise entre les moulins de Walde et Oye qu'ils ont lieu. Ils doivent être attribués en grande partie *à la négligence des capitaines, qui ne font pas sonder assez fréquemment*, ou à l'ignorance de la loi que suit le retard du reversement des courants entre les feux du Galloper, qu'ils prennent ordinairement pour point de départ, et la côte de France (1).

____

(1) Il n'est pas hors de propos d'entrer ici dans quelques

Phares de la côte septentrionale de France.

Les feux destinés à signaler de loin aux navigateurs la partie des côtes de la mer du Nord qui vient d'être décrite, sont :

LE PHARE DU CAP GRIS-NEZ.

Feu tournant dont les éclipses se succèdent de demi-minute en demi-minute (1er ordre).

Sur le cap Gris-Nez, à 9 milles marins au nord de Boulogne.

Lat. : 50°,52',10". — Long. : 0°,45',13" O.

Élévation $\begin{cases} \text{au-dessus du sol} \dots \dots \dots 14^{m}. \\ \text{au-dessus de la mer} \dots \dots 59^{m}. \end{cases}$

Portée : 22 milles.

Les éclipses ne paraissent totales, en temps ordinaire, qu'au-delà d'une distance de 12 milles marins.

---

détails à ce sujet. (Voir du reste le *Mémoire sur les Courants de la Manche*, etc., publié en 1835 par M. Monnier, ingénieur hydrographe.

« Les reversements des courants, dit le *Pilote Français*, » retardent d'autant plus sur l'heure des hautes et basses » mers au rivage, que les lieux où ils s'opèrent sont plus » éloignés de la terre ; il s'ensuit que par l'effet de ce » retard, qui augmente graduellement à mesure qu'on

LE PHARE DE CALAIS.

Feu varié de 4 en 4 minutes par des éclats précédés et
suivis de courtes éclipses (1er ordre).

Sur la tour récemment construite dans l'un des
retranchements de l'enceinte fortifiée de la ville, à 400
mètres environ de l'ancien phare.

Lat. : 50°,57',45". — Long. : 0°,29',2" O.

Élévation { au-dessus du sol............. 51m.
{ au-dessus de la mer......... 58m.

Portée : 20 milles.

Les courtes éclipses ne paraissent totales, en temps
ordinaire, qu'au-delà d'une distance de 12 milles
marins.

» avance au large, le courant de flot des côtes de France
» se confond sensiblement, dans les environs des bancs
» Gabbard et Galloper, avec le courant de jusant qui sort
» de l'embouchure de la Tamise, *et vice versâ.* »

En quittant donc les feux du Galloper avec commencement
de flot, on arrive devant la côte de France avec jusant
(vers le moment de la plus basse mer); de là l'obligation pour les capitaines de n'avancer *que la sonde à la
main.*

Il est encore une remarque à faire d'une bien grande
importance : c'est que les courants de flot et de jusant ne
sont pas, au large, comme ils le sont au rivage, des signes
indiquant que la mer monte ou qu'elle baisse ; car en raison
de l'impulsion acquise et du dénivellement qui s'opère de

LE PHARE DE GRAVELINES.

Feu fixe (3ᵉ ordre).

Sur le petit fort Philippe, jetée du N.-E.
Lat. : 51º,0',18". — Long. : 0º.13',40" O.
Élévation : 29 ᵐ. — Portée : 15 milles.

proche en proche dans la marche de l'ondulation de la marée, ils suivent la direction qui leur est imprimée long-temps après le moment où a lieu la phase de la marée, qui, sur le rivage, limite leur durée. Ainsi, on s'expose-rait aux plus grands dangers si, en s'approchant, avec le courant de flot, d'un banc élevé situé loin de la terre, on concluait, d'après la direction du courant, que la mer monte sur ce banc et que l'on peut se hazarder à le traver-ser. Il y a tels de ces bancs, ceux qui sont les plus au large des côtes de France et de Belgique, par exemple, sur lesquels le courant de flot ne cesse de se faire sentir que lorsque la mer est presque basse sur le rivage. A 9 milles au large O. de Calais, le courant de flot existe en-core après plus de 4 heures de baissée.

Enfin, une autre cause de danger, quand on approche des côtes de France, résulte de ce que les terres basses, en arrière des rivages, sont fréquemment couvertes par la brume; elle y est à peu près permanente dans les saisons pluvieuses et dans les grandes chaleurs de l'été. Les vents d'aval la rendent très-épaisse, et il en vient souvent de la mer lorsqu'il vente de la partie du nord.

Il est rare que la terre soit entièrement dégagée de va-peur ou de brume et qu'elle se dessine nettement : les feux se distinguent alors avec beaucoup de difficulté.

LE PHARE DE DUNKERQUE.

Feu tournant dont les éclipses se succèdent de minute en minute (1er ordre).

Entre la grande écluse de chasse et le vieux fort Risban, à 800m au S.-E. 1/4 S. de l'entrée des jetées.

Lat. : 51°,3',0". — Long. : 0°,1',41" E.

Élévation : 59m. — Portée : 24 milles marins.

Les éclipses ne paraissent totales, en temps ordinaire, qu'au-delà d'une distance de 12 milles marins.

Ce phare est particulièrement destiné à éclairer les bancs de Dunkerque. Par un beau temps, sa portée doit dépasser leurs limites et atteindre, au nord de ces dangers, la partie méridionale d'un autre groupe de bancs qui a été reconnu et décrit par M. le capitaine W. Hewest, de la marine royale d'Angleterre.

Signaux et Feux du port de Calais.

Les signaux destinés à faire connaître aux navigateurs les hauteurs et les mouvemens de la marée dans le port de Calais sont produits au moyen de ballons et

---

Dans un avenir prochain, la pointe de Walde sera signalée aux navigateurs par un feu à éclats alternativement blancs et rouges, établi sur pilotis, à la laisse de basse mer, à 1 mille environ du rivage.

de pavillons qui se hissent sur un appareil composé
d'un mât et d'une vergue établis sur le fort Rouge,
sorte de blockaus construit sur pilotis, à droite des
jetées et à 300ᵐ environ en arrière de leur tête.

BALLONS.

Les ballons se détachent en noir sur le ciel.

Un ballon placé à l'intersection du mât et de la
vergue annonce une profondeur d'eau de 3ᵐ sur le buse
du bassin à flot, et par suite, une profondeur au moins
égale à 3ᵐ dans toute la longueur du chenal.

Un ballon placé sur le mât, au-dessous du premier,
ajoute un mètre à cette hauteur d'eau; placé au-dessus,
il en ajoute deux; hissé à l'extrémité de la vergue, à
la droite du navigateur, un ballon représente 0ᵐ,50.

Les signaux sont faits au moyen de quatre ballons
ainsi :

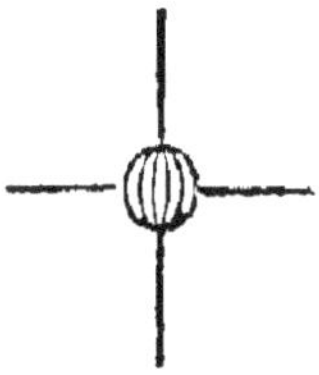

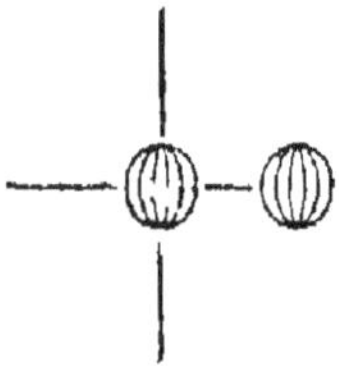

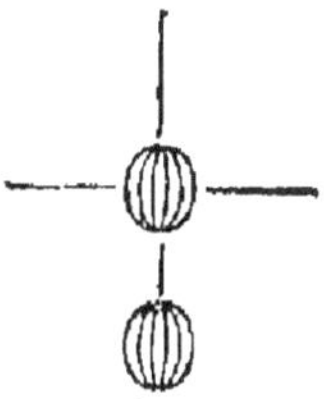

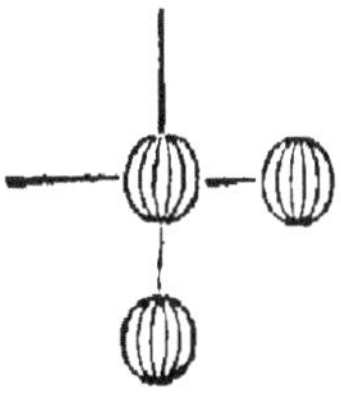

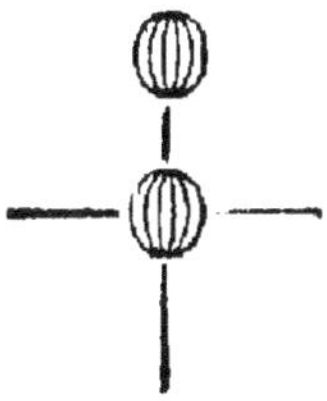

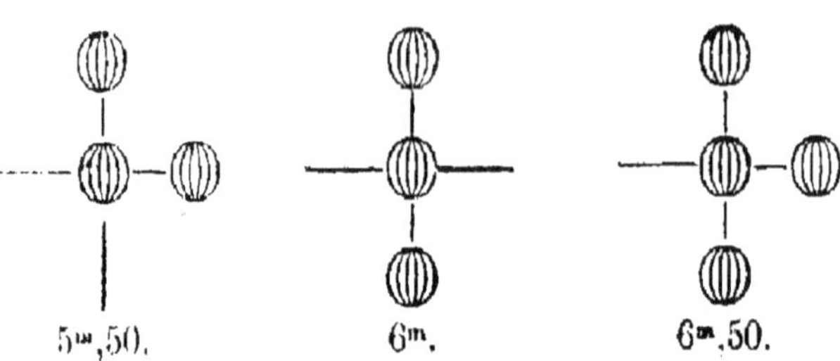

Nota. Les signaux sont représentés ci-dessus tels qu'ils apparaissent de la mer aux navigateurs,

PAVILLONS.

Afin d'indiquer les mouvements de la marée, on emploie un pavillon blanc avec une croix noire et une flamme noire en forme de guidon. Ces pavillons se hissent dès qu'il y a 2ᵐ,60 (8 pieds) d'eau à la tête des jetées, et sont amenés dès que la mer est redescendue à ce même niveau.

Pendant toute la durée du flot, la flamme est au-dessus du pavillon ; au moment de la pleine mer et pendant l'étale, la flamme est amenée ; enfin, la flamme est au-dessous du pavillon pendant le jusant.

Quand le port n'est pas accessible à basse mer, le mât apparaît avec sa vergue sans signal ; c'est un *on ne passe pas !* dans le langage de tous les peuples.

Pendant la nuit, tous ces signaux sont remplacés par un feu blanc fixe, de 10ᵐ d'élévation et d'une portée de 10 milles, qui reste allumé sur le fort Rouge tant qu'il y a 2ᵐ,60 (8 pieds) d'eau à la tête des jetées.

Lorsque des circonstances fortuites rendent l'entrée

dans le port dangereuse, un pavillon rouge est hissé seul en haut du mât, dans le jour; et la nuit, le feu est éteint.

L'entrée du port, qui ouvre N.-O. 1/2 N., est d'ailleurs signalée par un fanal rouge suspendu à une potence, à l'extrémité de la jetée de l'Ouest. Sa portée n'est que de 2 milles; car il a pour principal objet d'éclairer l'extrémité de la jetée, contre laquelle les bâtiments, en faisant le chenal, pourraient venir se jeter.

Nota. Il est toutefois essentiel d'observer que durant les gros temps, l'accès de la jetée de l'Ouest peut devenir impossible au gardien, auquel cas le fanal du fort Rouge est seul allumé.

Quand la mer est grosse à l'entrée du chenal, les pilotes ne peuvent pas sortir pour aller au-devant des navires; mais, pour remédier autant que possible à cet inconvénient, on a établi, à l'extrémité de l'estacade de la jetée de l'Est, un mât à bascule, où l'on hisse un ballon avec lequel, lorsque les pavillons du fort Rouge sont arborés (ce qui est toujours l'indication que le chenal est praticable pour les navires, quoique la mer soit grosse), on fait des signaux pour diriger les bâtiments qui viennent au port. S'ils font bonne route, on maintient le mât dans une position verticale; dans le cas contraire, on l'incline du côté où les bâtiments doivent gouverner.

En temps de brume, on avertit des approches du port au moyen d'une grosse cloche placée à 5ᵐ de l'extrémité de la jetée de l'Est.

Attérages de Calais.

De quelque côté que viennent les bâtiments destinés pour les ports de Calais, de Gravelines ou de Dunkerque, le cap Blanc-Nez est le point de la côte de France dont ils doivent, avant tout, chercher à prendre connaissance. S'ils attérissent de nuit, ce sont les phares de Gris-Nez et de Calais qui, collectivement, doivent être l'objet principal de leur recherche.

Les bâtiments qui viennent de la Manche en destination pour Calais doivent attérir sur le cap Gris-Nez, et s'ils viennent avec des vents d'aval, ils doublent ce cap à 2 milles de distance; puis, quand ils sont sur son parallèle, ils font valoir à la route le N.-E., jusqu'à ce qu'ils soient parvenus dans la direction du clocher de Sangatte, vu par les moulins de Coquelles, au S. 63° E. En faisant cette partie de la route, il faut éviter de venir dans l'est de la direction dans laquelle l'extrémité du cap Gris-Nez reste au S. 38° E., afin de se tenir suffisamment au large de la Barrière et des roches Quenocs. On a doublé ces roches dès qu'on est parvenu dans l'alignement donné par Sangatte et les moulins de Coquelles; alors on fait route à l'E. 1/2 S. sur le milieu de la masse de la ville de Calais, jusqu'à ce que le clocher d'Audinghen se cache derrière la falaise du cap Blanc-Nez, au S. 40° O.; puis, longeant le rivage à la distance où l'on s'en trouve, on va prendre les marques du mouillage dans la partie méridionale de la rade de Calais.

Si l'on vient avec flot et vent d'aval, on suit exactement les mêmes routes; mais dès qu'Audinghen se cache derrière le cap Blanc-Nez, on porte directement sur l'entrée du port.

De nuit, on suit encore les mêmes routes, c'est-à-dire que, en doublant le cap Gris-Nez à 2 milles de distance, on gouverne au N.-E., sans venir dans l'est de la direction dans laquelle on relève le phare du Gris-Nez au S. 34° O., afin d'éviter la rencontre de la Barrière et des Quenocs, et, quand le phare de Calais reste au S. 89° E., on fait valoir à la route l'E. 1/4 N.-E.; puis, si l'on a jusant, on mouille dès que le phare du Gris-Nez se cache derrière la falaise du cap Blanc-Nez. Avec flot, on ne mouille pas; mais de ce dernier point on fait route sur le feu du fort Rouge, et, quand on en approche, on vient un peu sur bâbord, pour contourner le bout de l'estacade de l'Ouest, qui est signalé, on l'a vu, par un petit fanal rouge, et, le serrant de près, on donne entre les jetées.

Les petits navires peuvent, à toute heure de la marée, passer entre les Quenocs et la Barrière, ainsi qu'entre le Rouge-Riden et le rivage, en tenant le clocher de Sangatte vu par l'une quelconque des trois tours de Calais.

Depuis la demi-marée montante jusqu'à la demi-marée baissante, les bâtiments de 200 à 300 tonneaux peuvent encore, à la rigueur, y passer; mais ils doivent de préférence faire route au large.

Quand on louvoie avec flot entre le cap Gris-Nez et la rade, il ne faut pas venir à l'est de la direction dans laquelle on relève le phare de Gris-Nez au S.-O. 1/4 S., jusqu'à ce qu'on ait doublé les Quenocs.

Les bâtiments qui viennent du Nord avec grande brise et vent sous vergues, peuvent, de jour ou de nuit, faire route directement sur le port, dès qu'ils en ont reconnu la position. Il y a suffisamment d'eau pour eux sur le riden de Calais (*voir plus bas l'article Rade de Calais*), depuis un tiers de marée montante jusqu'à deux tiers de marée baissante à Calais ; mais, quand ils arrivent avec jusant et en louvoyant, ils doivent venir se placer dans le méridien des falaises du cap Blanc-Nez et dans la direction de Sangatte, vu par les moulins de Coquelles : puis ils gouvernent ensuite parallèlement à la côte, pour aller attendre au mouillage, dans la partie méridionale de la rade, l'instant favorable pour entrer au port.

Si ces mêmes bâtiments arrivent pendant la nuit, ils doivent se placer sur le parallèle, le phare de Calais, et faire route à l'est, jusqu'à ce qu'ils relèvent le phare du Gris-Nez au S.-O. ; alors, venant d'un quart sur bâbord, ils font route jusqu'à ce que ce phare se cache derrière la falaise du cap Blanc-Nez, et mouillent, s'il y a jusant ; mais, s'il y a flot, ils portent directement sur l'entrée du chenal.

Rade foraine de Calais.

La rade de Calais est dans l'espace compris entre un banc nommé Riden de Calais et l'estran à l'ouest du port.

Ce riden a 4 milles de long, et s'étend vers le N.-E. Il commence au N. 1/4 N.-O. à 1 mille 5 du clocher de Sangatte, et se termine au N.-N.-O. 1/2 N. à 2 milles 5 environ de l'entrée du chenal de Calais. En général, le brassiage en basse mer y varie de 5 à 8 brasses, de sorte qu'il ne peut être dangereux que pour les grands bâtiments ; mais il occasionne de forts remous, et la mer y est grosse quand il vente bon frais de l'E. à l'O. en passant par le N. ; elle y déferle dans les coups de vents N.-N.-O. au N.-E.

A 1 mille N.-O. de l'entrée du chenal, se trouvent les ridens de la rade. Ils consistent en plusieurs amas de sable, sur le plus élevé desquels on ne trouve que 24 pieds d'eau en basse mer. Ces ridens sont sujets à changer de forme et brassiage ; ils occasionnent une très-grosse mer quand le vent bat en côte (1).

---

(1) Il n'est pas hors d'à-propos de placer ici quelques renseignements sur un banc qui figure sur les cartes marines sous le nom d'*Out-Ruytingen*, banc dont la partie occidentale est appelée le *Dick de Calais*, ou simplement

La rade de Calais est abritée par la terre depuis le S.-O. jusqu'à l'E.-S.-E. ; car on ne peut regarder comme un abri le riden de Calais, dont le relief sur le fond est peu considérable. Néanmoins, dans les coups de vent de N., les houles venant de fort loin sont longues et creuses, et la mer brise avec violence sur toute l'étendue de ce banc : la mer est alors beaucoup moins agitée derrière lui qu'elle ne l'est au large, et les pilotes de Calais pensent qu'un fort navire qui serait surpris au mouillage dans la partie septentrionale de la rade sans pouvoir appareiller, par un coup de vent de Nord, s'y maintiendrait en mouillant en barbe et filant de longues touées.

---

le *Dick* par les marins de Calais et de Gravelines. Ce banc commence à 7 milles du rivage, dans le méridien du phare de Calais, et s'étend, en formant une courbe d'abord vers l'E.-N.-E. dans la première moitié de sa longueur, puis vers le N.-E. dans le reste de son étendue, qui est de 16 milles. Ce banc est presqu'à pic du côté de la terre, et s'étend en pente douce vers le N.-O.

Le plateau occidental de l'Out-Ruytingen (le Dick de Calais) a 3 milles 5 de long de l'O. à l'E. et 0 mille 5 de large ; sa partie la plus élevée, sur laquelle il ne reste guère que 10 pieds d'eau à basse mer, se trouve exactement dans la direction dans laquelle le clocher de St.-Pierre-lès-Calais est vu au S. 11°,30' O. par le moulin de Fiennes ; il est au N. 16° E. du phare de Calais, au N. 51° O. du phare de Gravelines, et au N. 79° O. du phare de Dunkerque.

Quoi qu'il en soit, cette rade ne convient, en général, que pour attendre, à l'ancre, que le chenal soit praticable, lorsqu'on arrive longtemps avant la haute mer, avec des vents d'aval et des vents venant de terre.

Dans ces circonstances, on est convenablement mouillé pour atteindre, avec le courant de flot, le bout de l'estacade de l'Ouest, lorsqu'on se place sur le point où le cap Gris-Nez est vu ouvert de 8 à 10 minutes à droite de la falaise du cap Blanc-Nez, et où le moulin oriental de Coquelles paraît au S. 1/2 O. par-dessus une maison couverte en ardoises, qui fait partie de la ferme des Salines. De ce point, où l'on est à 1 mille 1/2 du rivage, par 11 brasses en basse mer, on voit aussi le clocher de Sangatte par le corps-de-garde du Blanc-Nez, et le bout de l'estacade de l'Est de Calais par la plus haute des dunes qui sont dans l'est de la ville.

On peut venir de nuit sur ce point, en tenant le phare de Gris-Nez vu ouvrant et fermant avec la falaise du cap Blanc-Nez, et en mouillant aussitôt qu'on relève le phare de Calais au S. 63° E.

En beau temps, ou lorsque le vent vient de terre, les pilotes mouillent sur la rade les bâtiments de grand tonnage qui arrivent pendant la morte-eau, et qui ne peuvent entrer à Calais en raison des petites marées. La position à laquelle ils donnent la préférence est à peu de distance du Riden, dans la direction où le moulin de Bas, situé entre le rivage et les moulins de Coquelles, est vu au S. 1/2 E., ouvert de 10 à 15 minutes à droite de la maison couverte en ardoises qui fait partie de la ferme des Salines, et où le phare de Calais reste au S. 50° E. Il y a 15 brasses 1/2 d'eau, en basse mer, sur cette partie de la rade ; les bâtiments y sont à 1 mille 5 de distance du rivage, et, par conséquent, en mesure d'appareiller si le vent vient à passer au nord. On y affourche S.-O. et N.-E. l'ancre la plus forte au S.-O. : mais il faut y tenir des ancres toujours prêtes à mouiller s'il vient à sur-venter, et disposer tout pour appareiller promptement, dans le cas où le vent vient à changer.

Lorsque l'état du temps ne permet pas d'attendre les grandes marées à l'ancre dans la rade, les navires tiennent la mer. Ils vont s'abriter contre les vents de l'O. au N. sous la côte d'Angleterre, aux environs de Douvres, et vont mouiller dans la rade d'Ambleteuse lorsqu'il vente grand frais du N.-E. au S.-E.

Entrée dans le port de Calais et sortie des bâtiments.

L'établissement des marées à Calais est à 11 h. 30 m. du matin, ou 11 h. 49 m. du soir, ces heures étant composées du midi vrai.

L'unité de hauteur est d'environ 9 pieds 8 pouces (3^m,14). Devant les jetées de Calais, au commencement de flot et jusques à 1 h. 1/2 de montée, le courant porte au S.-E. ; il gagne ensuite à l'E. , et à 4 h. 1/2 de montée, il est parallèle à la côte, ou E. 1/4 N.-E. environ. Au commencement de jusant jusques à 1 h. 1/2 de baissée , le courant porte O.-N.-O. ; il gagne ensuite à l'O. , et à 4 h. 1/2 de baissée , il est O. 1/4 S.-O.

Les vents les plus favorables pour entrer à Calais sont ceux du S.-O. à l'E.-N.-E. , en passant par l'O. et par le N. (*Le chenal est orienté N.-O. 1/2 N.*)

Ceux de ces vents qui battent à la côte n'excitent qu'une forte houle sur la plage , lorsqu'ils sont modérés ; mais quand ils soufflent avec violence , ils rendent la mer extrêmement grosse , et l'entrée du port devient dangereuse. Dans ce cas , les bâtiments doivent aller chercher un abri dans la rade d'Ambleteuse.

A 1/2 mille au large de l'extrémité des estacades , le courant de flot ne cesse de se faire sentir , en temps calme , que 2 h. 3/4 ou 3 h. après que la mer est pleine dans le port , et il est dans sa plus grande force au moment même où elle y atteint son maximum de hauteur. C'est pourquoi, quelle que soit la direction du vent, les bâtiments qui viennent à Calais doivent accoster le bout de la jetée de l'Ouest pour éviter d'être entraînés dans l'est du chenal par le courant de flot. Cette précaution est particulièrement indispensable lorsqu'on vient au port tribord-amures ; mais si on a le vent par babord , et qu'il soit assez fort pour qu'on puisse refouler le courant, qui , en grande marée d'équinoxe , a environ 4 milles 1/2 de vitesse à l'heure , on peut gouverner directement sur l'entrée : hors ce cas , il faut se précautionner de bonne heure contre la dérive que le courant occasionne.

Tout bâtiment qui vient au port tribord-amures doit avoir ses ancres de bossoir en veille, et une forte ancre à jet prête à mouiller de l'arrière ; il doit également tenir des amarres disposées sur le pont pour se faire hâler promptement, s'il arrivait que, étant en dedans des estacades, il fût entraîné sur celle de l'Est. Cet inconvénient a rarement lieu avec des vents d'amont, à moins qu'ils ne soient très-faibles.

On doit forcer de voiles pour entrer à Calais, quelle que soit la direction du vent, mais particulièrement lorsqu'on y vient vent arrière, afin d'être en mesure de maîtriser le courant de flot et de franchir promptement la grosse houle que l'on trouve à l'entrée.

L'instant le plus favorable pour donner dans le chenal, lorsque le vent bat en côte, est celui où la mer est pleine, parce qu'on peut aller à la voile jusqu'au fond du port ; mais, avec des vents de travers et debout, il faut entrer une demi-heure ou trois quarts-d'heure avant la haute mer, afin de pouvoir se hâler jusqu'aux posées ou jusqu'au bassin, avant que la mer perde.

En grande marée, la mer reste environ 20 minutes étale et pleine, et comme ses mouvemens en hauteur sont très-lents pendant la demi-heure qui précède et la demi-heure qui suit l'étale, il s'ensuit que l'on peut faire aisément mouvoir les grands bâtiments dans le port pendant une heure et demie.

La durée de l'étale dépend de la grandeur de la marée, ainsi que de la force et de la direction du vent : en morte-eau, elle est souvent de trois quarts-d'heure.

S'il arrivait qu'en venant au port sans pilote, avec de grands vents d'aval et grosse mer, on manquât l'entrée du chenal, il faudrait gagner le large à l'instant même, afin d'éviter d'aller échouer sur l'estran, qui s'élève très-rapidement, et appeler un pilote, lequel, dans ce cas, devient indispensable.

Les vents les plus favorables pour sortir de Calais sont ceux de l'O.-S.-O. à l'E.-N.-E., passant par le S. On peut même sortir avec les vents debout, quand ils sont modérés. Les jetées sont assez longues pour que, en appareillant au bout de celle de l'Ouest, on puisse s'élever au large, en prenant le courant à l'opposé du vent.

On appareille dans l'avant-port, et même au quai, lorsque le vent est bon pour sortir ; mais, s'il faut serrer le vent pour suivre le chenal, on doit se faire hâler jusqu'au bout de la jetée de l'Ouest.

On quitte le port dès qu'on est à flot, quelle que soit la route que l'on ait à faire, excepté, toutefois, lorsqu'on va dans l'ouest et que le vent n'est pas assez fort pour refouler le courant de flot : dans ce cas, on sort une heure et demie après la haute mer, et l'on va mouiller hors du chenal, pour attendre le courant de jusant.

Description sommaire du port et des principaux établissements de Calais.

Le port de Calais est établi en dehors de la ville, dans une crique qui s'étend en avant du front Nord des fortifications.

Son chenal a de 80ᵐ à 100ᵐ de largeur. Il est compris entre deux jetées en charpente à peu près parallèles entre elles, qui s'avancent également en mer.

La jetée d'Est, sur 430ᵐ, et la jetée d'Ouest, sur 245ᵐ, consistent en des estacades à claire-voie reposant sur des digues basses. Ces estacades sont donc, ainsi que la partie du chenal qu'elles comprennent, traversées par les courants de flot et de jusant dans les grandes marées qui surmontent les digues basses. Il en résulte qu'avec des vents de la partie d'Ouest, les bâtiments peuvent être, à haute mer, drossés par le courant sur l'estacade de l'Est, où ils sont exposés, si les vents sont violents, à faire des avaries. Les bâtiments ne sont réellement en sûreté, avec ces vents, qu'autant qu'ils sont dans la partie du chenal dont le bordage, qui s'élève au-dessus des hautes mers de vive-eau, contient les eaux, et les oblige à suivre la direction du chenal, en marée montante ainsi qu'en marée baissante.

Plus haut, vis-à-vis d'un quai en charpente appelé *quai de marée*, dont les poteaux verticaux apparaissent rangés sur le même alignement, à mi-longueur environ de la jetée de l'Est, la largeur du chenal est réduite à 60^m à peine, par suite de l'existence d'un attérissement en sable, nommé *Banc du Diable*, qui s'appuie comme un poulier sur la jetée de l'Ouest. (En haute mer de vive-eau, la hauteur d'eau sur cet attérissement est de 4 à 4^m,50 ; elle n'est plus que de 2^m,70 à 3^m.20 en haute mer de morte-eau.)

Au-delà enfin, le chenal se divise en deux branches ; l'une, à droite, est le goulet d'une puissante écluse de chasse, l'écluse Raffeneau, dont on aperçoit de loin les trois pertuis (*les navires doivent bien se garder de pénétrer dans ce goulet*) ; l'autre, dans le prolongement de l'axe des jetées, constitue l'avant-port, de 70^m environ de largeur, qui s'étend, en décrivant une courbe très-prononcée dans l'ouest, jusqu'au bassin à flot. Le mur de quai qui longe au sud l'avant-port n'est interrompu que par l'entrée du petit bassin d'échouage dit *le Paradis* et par l'écluse à sas de la Citadelle, bouche à la mer de la grande voie navigable de Calais à Paris.

Le quai de marée, au moment des plus basses mers, offre encore aux bâtiments six pieds d'eau.

Les pieds de tous les quais de l'avant-port assèchent même en morte-eau ; mais ils ont en avant d'eux des lits de vase sur lesquels les bâtiments peuvent échouer sans danger. Toutefois, aux abords du bassin à flot, les quais sont inaccessibles sur 50^m environ de chaque côté ; car en avant du quai Sud existe un gril de carénage, et en avant du quai Nord, un enrochement a été formé pour recevoir l'effort des chasses faites en vive-eau à basse-mer, à l'effet de balayer l'avant-port et d'appuyer le débit de l'écluse Raffeneau.

Les bâtimens qui entrent à Calais peuvent, s'ils ne se rendent pas directement au bassin à flot, s'arrêter, soit au quai de marée, soit dans la partie est de l'avant-port connue sous le nom de *quai de la Colonne*, soit enfin, au quai Nord, depuis un point situé à 50^m en arrière de la culée nord de l'écluse du bassin à flot, jusqu'à l'origine du musoir de l'écluse de chasse.

Les bateaux de pêche et les petits caboteurs se mettent dans le Paradis. Quant au quai sud de l'avant-port, qui s'étend dudit Paradis à l'écluse de la Citadelle, il est spécialement destiné, en raison de sa proximité du chemin de fer et de la ville, aux bâtiments à vapeur du service postal et à ceux qui font l'office des passagers et des marchandises, articles de messageries, etc.

Le bassin à flot est situé au fond du port d'échouage ; on y accède par une écluse de 17^m de largeur, dont le buse est à 0^m,35 au-dessus des basses mers de vive-eau ordinaire.

En haute mer de vive-eau ordinaire, il existe donc 5^m,90 d'eau sur ce buse et 4^m,60 encore en haute mer de morte-eau.

L'écluse est fermée par deux portes d'èbe qu'appuient deux portes-valets.

Le bassin présente la forme d'un rectangle de 250^m de longueur sur 75^m de largeur : sa superficie est donc de plus de 2 hectares. Le développement des quais qui le bordent est de 590ᵐ ; ces quais ont leur pied descendu à la côte des basses mers de vive-eau ordinaire. Ils sont mis en communication par un pont-tournant à deux volées.

L'extrémité ouest du bassin à flot est formée par un talus en terre, au haut duquel sont placés les chantiers de construction. Un des constructeurs de Calais y a établi, à ses frais, une petite cale de radoub.

Pour balayer les vases que la mer apporte dans le bassin, des aqueducs de dévasement ont été établis sous les quais nord et sud, qui prennent les eaux de chasse dans le bassin des dunes (bassin de l'écluse Raffeneau.)

RÉGLEMENT DE PILOTAGE

POUR LA STATION DE CALAIS,

Approuvé par décret du 29 août 1854.

Dispositions générales pour le service du pilotage dans le 1er arrondissement maritime.

ARTICLE PREMIER.

Les bateaux des pilotes portent dans leurs voiles une ancre peinte en noir, d'un mètre de hauteur.

Ils doivent également porter, sur l'avant et sur l'arrière et dans la partie supérieure de leurs voiles, sur les deux côtés au-dessus du dernier ris, le numéro qui leur est assigné par le commissaire de l'inscription maritime, et les lettres initiales de leur station.

Ces lettres sont celles désignées ci-après :

Station de Cherbourg . . . . . . Ch.
— de la Déroute . . . . . . Ch. D.

Station de la Hougue (jusqu'à la sup-
    pression définitive . . . . L. H.
— de Barfleur . . . . . . L. H. B.
— d'Isigny . . . . L. H. I.
— de Brévands, du Grand-Vey et
    de Grand-Camp . . . . L. H. I. C.
— d'Ouystreham . . . . . C. O.
— de Sallenelles . . . . . C. S.
— de Benzeval . . . . . . C. B.
— de Courseulles . . . . . C. C.
— du Hâvre . . . . H.
— d'Harfleur . . . . . . H. A.
— de Honfleur . . . . . . H. O.
— de Trouville . . . . . . H. O. T.
— de Quillebœuf . . . . . H. O. Q.
— de Berville . . . . . . H. O. B.
— de Villequier . . . . . R. V.
— de Fécamp . . . . . . F.
— de St.-Valery-en-Caux . . . F. St.-V. C.
— de Dieppe . . . . Di.
— du Tréport . . . . . . D. T.
— du Hourdel . . . . . . St.-V. H.
— du Crotoy . . . . St.-V. C.
— de St.-Valery-sur-Somme . . St.-V. S. S.
— de Boulogne . . . . . . B.
— de Calais . . . . Cal.
— de Gravelines . . . . . D. G.
— de Dunkerque . . . . . D.

Art. 2.

Il est expressément défendu aux pilotes de faire bourse commune et d'établir entre eux un ordre ou tour de service pour aller au-devant des navires, sous peine d'interdiction de 15 à 25 jours, et de plus forte punition en cas de récidive. (Article 50 du décret du 12 décembre 1806.)

Art. 3.

Les pilotes ne peuvent exiger d'autre rétribution que celle du tarif, ni consentir à aucun rabais, sous les peines prévues par l'article 40 du décret du 12 décembre 1806.

Art. 4.

Les pilotes ou autres qui coupent les orins des amarres laissées, ou enlèvent les bouées, sont traduits devant les tribunaux, pour être jugés conformément aux lois.

Art. 5.

Tout pilote qui s'enivre habituellement est, sur le rapport qui en est fait au commissaire de l'inscription maritime, suspendu de ses fonctions pendant moins d'un mois, et, en cas de persistance dans cette habitude, il en est rendu compte au ministre de la marine, pour que son titre de pilote lui soit retiré.

Art. 6.

Il est défendu aux pilotes de mouiller ou amarrer aucun navire, soit dans un chenal, soit entre les jetées, soit sur les corps-morts destinés au halage des bâtiments.

Il leur est pareillement défendu de laisser aucune ancre dans les passes des navires.

Ils doivent veiller à ce que toute ancre mouillée dans un port soit munie d'un orin et d'une bouée capables d'indiquer et de lever ladite ancre.

Enfin ils rappellent aux capitaines des bâtiments à vapeur qu'il leur est interdit, sous quelque prétexte que ce soit, de faire jeter dans les passes, rades, ports et rivières, les escarbilles ou résidus de leurs charbons. Ils s'opposent formellement à toute contravention à cette disposition, et, en cas d'inobservance de la part des capitaines, ils font leur rapport à l'autorité maritime, immédiatement après leur débarquement ; le tout sous les peines portées à l'article 36 du décret du 12 décembre 1806, tant à l'égard des pilotes qu'à l'égard des capitaines.

Art. 7.

Si un bâtiment provenant de pays suspecté de contagion exigeait la présence du pilote à son bord, le pilote seul peut y monter ; les autres marins qui se trouvent dans son bateau doivent éviter soigneusement toute communication, hors le cas d'une absolue nécessité, qui sera constatée par le capitaine, sous peine, par les contrevenants, d'être mis en quarantaine, sans qu'il leur soit alloué ni salaire ni ration.

Art. 8.

Lorsqu'un pilote aura abordé un navire destiné à mouiller sur une rade ou à entrer dans un port, il lui fera immédiatement arborer son pavillon de nation, et manœuvrera de manière à faciliter le prompt abordage des embarcations soit de l'administration des postes, soit de la commission sanitaire : ces embarcations porteront des signaux dont il sera donné connaissance aux pilotes du lieu.

Aucun navire ne peut entrer dans un bassin, ni en sortir, sans avoir son pavillon.

En prenant la mer, le pavillon doit rester jusqu'à la grande rade.

Les contraventions au présent article sont sévèrement punies, à moins que le pilote ne justifie que le capitaine s'est refusé à s'y conformer, auquel cas celui-ci deviendra seul responsable.

ART. 9.

Le pilote auquel un capitaine a déclaré que son navire n'est pas d'échouage, ne peut l'entrer dans le port de marée douteuse ou basse, s'il n'en a reçu du capitaine l'ordre écrit, portant déclaration du véritable tirant d'eau du navire.

ART. 10.

Si, en l'absence de pilotes en vue, un capitaine juge convenable de demander l'assistance d'un pêcheur ou pratique, celui-ci peut obtempérer à cette demande : mais il est tenu de déclarer au capitaine, en montant à bord, qu'il n'est pas pilote reçu, de faire immédiatement arborer le signal d'usage pour appeler un pilote, et de céder la conduite à ce dernier dès qu'il se présente.

Art. 11.

Tout pêcheur ou pratique qui, ayant abordé un navire, a négligé de faire arborer le signal mentionné ci-dessus, ou de le conserver jusqu'à l'arrivée d'un pilote, est tenu de payer le pilotage à celui qui se trouve à portée de servir le bâtiment, à moins qu'il ne soit constaté que la contravention vient du fait du capitaine, auquel cas le payement est à la charge de ce dernier.

Art. 12.

Le pêcheur ou pratique ne peut recevoir moins de 3 francs par marée de jour et autant par marée de nuit, pour tout le temps qu'il a passé à bord avant d'être remplacé.

La moitié seulement de l'allocation à laquelle aurait eu droit le pilote breveté est payée au marin faisant partie de l'équipage d'un bâtiment de l'État qui, en l'absence de pilote, a été chargé de le suppléer.

Si un pilote se présente dans les limites où son admission est obligatoire, ce marin reçoit moitié de la différence entre le salaire acquis par le pilote breveté et celui auquel il aurait eu droit s'il eût pris le bâtiment au point à partir duquel ledit marin a été chargé de le piloter.

Art. 13.

Si un pilote est demandé pour conduire un bâtiment de l'État dans un port en dehors de sa station, et s'il n'existe pas de tarif pour la conduite de ces bâtiments entre le point de départ et celui de destination, le salaire à payer au pilote est établi de gré à gré, en prenant, s'il y a lieu, pour base de ce salaire le tarif concernant la conduite des navires du commerce de tonnage correspondant, et, dans le cas contraire, en se conformant aux usages locaux.

Les conventions de cette nature sont passées entre le pilote et le commissaire aux armements ou le commissaire de l'inscription maritime du port de départ. Une expédition en est donnée au commandant du bâtiment, qui la remet à l'administration du port d'arrivée, en l'accompagnant d'un certificat constatant l'exécution, afin qu'il soit procédé au payement du prix convenu.

Ce prix est payé intégralement, quand même un pilote du port de destination prendrait le bâtiment.

A Cherbourg, l'autorisation de laisser partir un pilote à bord d'un bâtiment de l'État doit être donnée par le préfet maritime.

Art. 14.

Les tarifs de pilotage pour les navires de commerce sont appliqués aux bâtiments de l'État dans tous les ports de l'arrondissement où il n'a pas été fait de tarifs spéciaux pour ces derniers.

Les corsaires sont réputés navires chargés et payent le droit entier ; leurs prises sont taxées comme les navires étrangers non assimilés aux français. Si la prise n'est pas validée, les frais de pilotage demeurent à la charge du corsaire.

Les prises faites par les bâtiments de l'État sont taxées comme bâtiments de l'État.

Art. 15.

Dans le cas où des bateaux pêcheurs rencontrent un navire en danger de naufrage et lui portent secours , il leur est alloué une rétribution proportionnée au service rendu, sans égard aux droits de pilotage.

Cette rétribution est fixée par le tribunal de commerce du ressort.

Art. 16.

Les bateaux à vapeur faisant un service régulier entre deux ports de France, ou entre un port de France et un port étranger peu éloigné, peuvent avoir un pilote spécial au mois.

Les pilotes ne peuvent faire plus de six mois consécutifs sur le même bateau.

S'ils débarquent, par un motif quelconque, avant le délai de six mois, ils prennent la queue de la liste et ne peuvent embarquer de nouveau, dans les mêmes conditions, qu'après un délai de six autres mois.

Les salaires sont débattus et convenus entre l'armateur et le pilote, devant le commissaire de l'inscription maritime.

Ces pilotes sont choisis de préférence parmi les plus âgés de la station ; la liste en est dressée par le chef du pilotage, ou, à son défaut, par le commissaire de l'inscription maritime, et cette liste est affichée dans le bureau du pilotage et dans celui de l'inscription.

Les capitaines ne peuvent refuser le pilote qui se présente à son tour de rôle.

Tout pilote qui devient l'objet d'une plainte fondée de la part d'un capitaine, sous le rapport de la conduite ou de la capacité, peut être débarqué et rayé de la liste d'embarquement.

Art. 17.

Les capitaines des navires français doivent toujours déposer les droits de pilotage, halage, barques d'aide, etc., pour la sortie, entre les mains de leurs courtiers ou consignataires, qui en deviennent alors responsables.

Enfin, les capitaines des navires nationaux ou étrangers sont tenus de payer ces mêmes droits à l'avance, s'ils n'ont ni courtiers ni consignataires.

Art. 18.

Les prix fixés par les tarifs sont applicables à tous les bâtiments français et étrangers assimilés, astreints par la loi ou par une convention particulière à prendre un pilote, quelle que sòit d'ailleurs la forme de la carène et de la mâture.

Les capitaines des navires étrangers non-assimilés, de quelque forme ou capacité que puissent être ces navires, payent moitié en sus du prix fixé pour les bâtiments français.

PAVILLONS JOUISSANT DU BÉNÉFICE DE L'ASSIMILATION.

1° Sans aucune restriction.	Pavillons....	de Belgique. de Bolivie. du Brésil.

1° Sans aucune restriction. (Suite.)	Pavillons....	du Chili. de Costa-Rica. du Danemarck. de l'Équateur. d'Espagne. des États-Unis de Guatémala. de Hollande. du Mexique. de la Nouvelle-Grenade. du Paraguay. d'Uruguay. de Venezuela.
2° Sous les conditions indiquées ci-contre, à l'entrée comme à la sortie.	Pavillon d'Angleterre.	Les navires *chargés*, venant des ports et se rendant dans les ports du Royaume-Uni ou des possessions de ce royaume en Europe ; Les navires sur lest, quelle que soit leur provenance ou leur destination. N. B. A l'entrée comme à la sortie, sont affranchis de tous droits quelconques de navigation les bateaux pêcheurs appartenant au Royaume-Uni ou à ses possessions en Europe, qui, forcés par le mauvais temps de chercher un refuge dans les ports ou sur les côtes de France, n'y ont effectué aucun chargement ni déchargement.
	Pavillon des Deux-Siciles.	Les navires venant *directement*, *avec chargement*, de l'un des ports du royaume ; Les navires venant *sur lest* de tous ports quelconques ; Les paquebots-postes et les bâtiments à vapeur, même dans le cas d'escale intermédiaire.

2°
Sous
les
conditions
indiquées
ci-contre,
à l'entrée
comme
à la sortie.
(Suite.)

Pavillon dominicain.

Les navires venant *directement*, *avec chargement*, des ports de la République Dominicaine, ou sur lest de tous ports quelconques.

Pavillon de Portugal.

1° Les navires venant directement des ports du Portugal, *avec chargement, et sans chargement*, de tout port quelconque ;

2° Les navires à vapeur portugais affectés à un service régulier et périodique entre les ports du Portugal et ceux d'un autre pays quelconque, qui, durant leur trajet, soit à l'aller, soit au retour, feront escale dans les ports de Bordeaux et du Havre.

Pavillon de Russie.

Les navires venant, 1° *avec chargement*, d'un port russe autre que ceux de la mer Noire ou de la mer d'Azow ; 2° *sur lest*, de tous ports quelconques autres que ceux de la mer Noire ou de la mer d'Azow.

Pavillon de Sardaigne.

Les navires venant *directement* d'un port de Sardaigne avec *chargement*, ou *sur lest* de tous ports quelconques.

Pavillon de Toscane.

Les navires venant *directement* des ports de Toscane *avec chargement, et sans chargement*, de tous ports quelconques.

Au fur et à mesure que surviennent de nouveaux traités d'assimilation, les commissaires de l'inscription maritime veillent à ce que les pilotes et entrepreneurs de pilotage en reçoivent la notification et s'y conforment pour la perception des droits afférents à ce service.

Art. 19.

Lorsqu'un pilote lamaneur a conduit un bâtiment français ou étranger d'un port à un autre, il a droit, indépendamment de ses frais de pilotage, à la conduite de retour, à raison de 2 francs par myriamètre.

Art. 20.

Les chaloupes ou bateaux pilotes sont munis d'un rôle d'équipage. (Décret du 19 mars 1852). Les mousses sont embarqués à bord de ces chaloupes ou bateaux dans la proportion fixée par l'article 2 du décret du 23 mars 1852.

Les bateaux d'assistance qui concourent au service des bateaux-pilotes peuvent être dispensés des obligations ci-dessus rappelées relativement au rôle d'équipage et à l'embarquement des mousses.

Aucun individu non compris dans l'inscription maritime ne peut être admis dans le service du lamanage.

Art. 21.

En outre d'un exemplaire du décret du 12 décembre 1806, exigé par l'article 55 de ce même décret, les pilotes sont tenus d'être porteurs du règlement de leur station et de l'exhiber à la première réquisition des parties intéressées.

Ce règlement doit contenir : 1° les dispositions générales ; 2° les dispositions communes à leur station et à d'autres stations du même sous-arrondissement, s'il en existe ; 3° les dispositions particulières à leur station.

Dispositions communes à toutes les stations du sous-arrondissement de Dunkerque.

BATIMENTS DE L'ÉTAT.

ART. 22.

Les frais de pilotage à l'entrée et à la sortie, et les frais de conduite des bâtiments de l'État dans tous les ports et dans toutes les stations du sous-arrondissement de Dunkerque, sont payés d'après le tirant d'eau de ces bâtiments et conformément au tarif ci-après :

TARIF DU PILOTAGE POUR LES BATIMENTS DE L'ÉTAT.

CONDUITE AUX DIVERS POINTS ET DIVERSES STATIONS de la côte, et vice-versâ.

TIRANT D'EAU des NAVIRES.	ENTRÉE ET SORTIE DES PORTS du sous-arrondissement, comprenant Dunkerque, Gravelines, Calais, Boulogne, St.-Valery-sur-Somme et dépendances.	De Dunkerque à la bouée du Senand.	à la bouée Rouge.	au dehors de la passe de Zuydcoote.	au dehors des bancs au nord de la rade.	à Nieuport.	à Ostende.	De la passe de Zuydcoote à Gravelines.	De Dunkerque à Gravelines.	De Gravelines à Calais.	De Calais à Boulogne.	De Boulogne à la station du Hourdel.	au Tréport (de la station du Hourdel).	à Dieppe (de la station du Hourdel).	OBSERVATIONS.
	fr.	fr.	fr.	fr.	fr.	fr.	fr.	fr.	fr.	fr.	fr.	fr.	fr.	fr.	
2m30......	8	3	5	5	»	12	18	12	8	8	12	18	12	12	Dans le prix d'entrée au port de St.-Valery, est comprise la conduite de la station du Hourdel audit port
2 30 à 2m60	12	5	7	7	12	18	21	18	12	12	18	24	18	21	
2 61 à 2 90	18	7	9	9	18	24	30	24	18	18	24	30	24	30	
2 91 à 3 20	24	9	11	11	24	30	36	30	24	24	30	36	30	36	
3 21 à 3 60	30	11	14	14	30	36	45	36	30	30	36	45	36	45	
3 61 à 3 90	35	14	17	17	36	45	58	45	36	36	45	58	45	58	
3 91 à 4 20	45	17	22	22	45	58	72	58	45	45	58	72	58	72	
4 21 à 4 50	58	22	27	27	58	72	88	72	58	58	72	88	72	88	
4 51 à 4 90	72	27	33	33	72	88	108	88	72	72	88	108	88	108	
4 91 à 5 20	88	33	40	40	88	108	130	108	88	88	108	130	108	130	
5 21 à 5 50	108	40	50	50	108	130	155	130	108	108	130	155	130	155	

Les bâtiments à vapeur ne paient que moitié des sommes portées au tarif ci-contre.

Art. 23.

Il n'est payé de conduite, de la bouée Rouge à Dunkerque, qu'autant que le bâtiment a été pris en dehors de la bouée nº 1, ou entre cette bouée et celle nº 2.

Il en est de même pour la conduite du Senand à Dunkerque ; elle ne sera payée que lorsque le bâtiment aura été pris par le travers de la bouée nº 2, ou au moins entre cette bouée et celle nº 3 du Senand, et *vice versâ*.

Art. 24.

Lorsqu'un pilote aura conduit un bâtiment de l'État à des distances intermédiaires des points des stations déterminées par le tarif, le prix du pilotage sera augmenté ou diminué dans le rapport de ces distances ; les certificats de pilotage délivrés par les commandants des bâtiments de l'État devront, en conséquence, indiquer d'une manière précise les points où ces bâtiments auront été abordés et conduits par les pilotes.

Art. 25.

Le prix du pilotage devant être payé d'après le terme moyen du tirant d'eau des bâtiments ; les certificats de pilotage doivent constater, avec la même précision, leur tirant d'eau à l'avant et à l'arrière.

Toute fraction du tirant d'eau au-dessous d'un décimètre n'est pas comptée.

Art. 26.

Le séjour des pilotes à bord d'un bâtiment de l'État leur est payé à raison de 6 francs par vingt-quatre heures (indépendamment de la ration), lorsque, dans l'espace de ce temps, ils n'ont pas piloté de bâtiment.

BATEAUX LAMANEURS.

Art. 27.

Les bateaux lamaneurs, montés conformément aux règlements locaux, sont employés soit au voyage, soit à la marée. Chaque voyage en rade ou à la mer, lorsque, d'ailleurs, le bateau n'a fait aucun service étranger à sa mission et n'a pas été retenu plus de deux heures à bord d'un bâtiment, est payé à raison de 8 francs pour la première lieue, et de 6 francs pour chacune des lieues subséquentes qu'il a parcourues, le retour compris.

Tout voyage en rade est considéré comme voyage d'au moins une lieue.

Art. 28.

Les bateaux employés à la marée, dans le port ou en rade, sont payés à raison de 12 francs pour les six premières heures qu'ils ont été retenus.

Ce prix est augmenté de 1 fr. 50 cent. pour chacune des heures subséquentes.

Lorsque ces mêmes bateaux ont été employés à porter quelque objet d'armement, il leur est payé 15 francs pour les six premières heures, et ils ont droit également à 1 fr. 50 cent. pour chacune des heures subséquentes.

Au moyen des prix ci-dessus, les bateaux lamaneurs, chaque fois qu'ils en sont requis, sont tenus de reconduire les pilotes à terre.

Art. 29.

Il sera payé 4 francs aux bateaux lamaneurs qui auront conduit un pilote de la corvette du pilotage à bord d'un bâtiment de l'État, si d'ailleurs ils ne sont pas retenus à la marée pour le service de ce bâtiment, auquel cas ils seront payés d'après l'article précédent. Ceux en voyage qui seront retenus à bord du même bâtiment plus de deux heures, ou employés à un service étranger à leur mission, seront payés, pour tout le temps qu'ils seront retenus, à raison de 1 fr. 50 cent. par heure.

Art. 30.

Les bateaux lamaneurs employés à la marée remplissent tous les genres de service qui peuvent leur être commandés, sans que les marins qui les montent puissent être forcés à les abandonner.

Art. 31.

Les droits de pilotage et de conduite fixés par le tarif faisant suite à l'article 22 s'appliquent aussi bien aux bâtiments de l'État en relâche qu'à ceux arrivant à destination, dans l'un des ports du sous-arrondissement de Dunkerque.

Cependant, si un bâtiment, après être sorti d'un de ces ports, était forcé d'y rentrer sans avoir été au mouillage et avant que le pilote l'eût abandonné, il ne serait payé que le droit de sortie.

Dispositions particulières à la station de Calais.

LIMITES : A L'EST, A 1 KILOMÈTRE EN DEÇA DU CHENAL DE GRAVELINES ; A L'OUEST, LA POINTE DU CAP GRIS-NEZ.

ART. 78.

Le personnel de la station de Calais est fixé à quatorze pilotes et trois aspirants, qui font le service du port et de la rade sous la direction des fonctionnaires désignés par le décret du 12 décembre 1806.

ART. 79.

Les pilotes doivent maintenir constamment à la mer, sauf le cas de mauvais temps constaté par les officiers de port, deux embarcations armées conformément aux prescriptions de l'article 20 du présent règlement, et montées suivant la disposition de l'article 80 (1).

Les pilotes de ces embarcations sont désignés par le capitaine de port.

Si l'état de la mer ne leur permet pas de sortir, ils doivent stationner au quai de marée, et si le mauvais temps les surprend au large, ils doivent relâcher partout ailleurs qu'à Calais, sauf le cas de force majeure dûment constaté par les officiers de port.

Art. 80.

Les bateaux-pilotes sont montés par un équipage permanent, composé comme suit :

Deux pilotes, (2)

Un aspirant pilote,

Deux officiers-mariniers ou matelots

Et un mousse.

Art. 81.

Deux pilotes, désignés chaque jour par le capitaine de port, restent constamment à sa disposition, sans pouvoir

---

(1) Suivant dépêche ministérielle du 13 janvier 1855, les pilotes sont autorisés à n'entretenir qu'une seule embarcation à la mer pendant la saison d'hiver, c'est-à-dire du 1er novembre au 1er mars.

(2) La décision ministérielle du 13 janvier 1855 modifie cet article en ce sens, que la tête des bateaux, au lieu d'être composée de deux pilotes et un aspirant pilote, doit être de trois pilotes ou aspirants pilotes.

4

s'écarter ; ils sont notamment tenus au débarquement de la malle des dépêches en rade et des passagers.

La nuit, ils doivent stationner au quai de marée.

Les officiers de port doivent tenir un registre des pilotes de service.

Art. 82.

Le pilotage n'est dû qu'autant que les pilotes sont montés à bord d'un bâtiment, à une encâblure, ou 200 mètres au moins, en-dehors des jetées ; autrement, leur service ne serait considéré que comme assistance, et ils n'auraient droit qu'au salaire d'un service d'intérieur du port.

Art. 83.

Lorsqu'un pilote n'effectue pas la mise à quai d'un navire à l'endroit qui lui a été désigné par les officiers de port, son salaire ne lui est payé qu'autant que ces officiers ont reconnu eux-mêmes qu'il n'a pu exécuter l'ordre qui lui a été donné.

Art. 84.

Lorsqu'il y a impossibilité absolue de sortir du port, les pilotes sont employés, sous les ordres du capitaine de port, aux mouvements du mât de pavillon placé sur la jetée de l'Est, et à la transmission des signaux aux navires qui se présenteraient pour entrer, afin que ceux-ci prennent la direction du chenal ; dans ce cas, il est accordé aux pilotes la moitié des salaires alloués pour chaque navire selon le tarif, et sans surtaxe pour les bâtiments étrangers.

Art. 85.

Les pilotes doivent faire leur rapport, au commissaire de l'inscription maritime et à l'officier de port, de toutes les infractions au présent réglement ; ils désignent ceux des marins dont ils ont lieu d'être mécontents, soit pour absence ou inconduite, soit pour négligence, insubordination ou manque de respect.

Tout homme employé au lamanage qui s'enivre est suspendu, la première fois, pendant huit jours, et renvoyé en cas de récidive.

Art. 86.

Les paquebots français ou anglais, chargés exclusivement du transport de la correspondance, sont assimilés, pour les droits de pilotage, aux bâtiments de guerre.

Lorsqu'ils ont à bord des passagers ou des matières d'or ou d'argent, ils sont traités comme les bâtiments du commerce les plus favorisés.

PILOTAGE A L'ENTRÉE ET A LA SORTIE.

Art. 87.

Tout bâtiment à voiles, français ou assimilé, entrant ou sortant, paie, pour droits de pilotage, par tonneau de jauge, s'il est chargé en tout ou en partie...   0ᶠ 25ᶜ

Sont considérés comme chargés les bâtiments ayant à bord un ou plusieurs passagers ou des matières d'or ou d'argent.

Les bâtiments sur lest paient la moitié du prix fixé ci-dessus.

— 57 —

Les bâtiments à vapeur, autres que ceux mentionnés ci-après, sont toujours considérés comme chargés, et paient la moitié des droits établis pour les bâtiments à voiles chargés.

Les bâtiments étrangers non assimilés aux français paient moitié en sus du prix fixé pour les bâtiments français.

Les bateaux à vapeur chargés du transport des dépêches, ayant à bord des passagers ou des marchandises, et ceux affectés à la navigation entre Calais, Douvres, Folkstone et Ramsgate, paient, à l'entrée comme à la sortie, un droit fixe de 7 francs.

Les bateaux à vapeur entrant ou sortant à la même marée ne paient que 12 francs pour l'entrée et la sortie cumulées.

Les bâtiments français ou étrangers en relâche, quel qu'en soit le motif, ne paient à l'entrée et à la sortie que les deux tiers des prix fixés pour ceux destinés pour le port.

Les navires sortis du port qui y relâchent dans les quarante-huit heures, sans être entrés dans un autre port ne paient que la moitié du droit entier d'entrée et de sortie.

INDEMNITÉS AUX PILOTES.

ART. 88.

Chaque fois qu'un pilote requis se rend en rade pour entrer un navire, et que ledit navire ne peut être

introduit dans le port, soit par défaut d'eau, soit par la
volonté du capitaine, ou par tout autre motif, il est
payé audit pilote :

Pour chaque nuit passée à bord, outre sa nour-
riture. 6f 00c

Pour chaque marée en rade, en l'absence du
capitaine, à bord d'un navire qui n'entrerait pas
dans le port 6 00

Quelque court que soit le service du pilote employé en rade à bord d'un navire, il a droit à
l'indemnité de. 6 00

Lorsqu'un pilote est retenu à bord d'un navire
en quarantaine, il lui est payé, outre sa nourri-
ture, à laquelle il a droit, par vingt-quatre heures. 5 00

Lorsqu'un pilote est requis pour sortir un navire,
si le navire ne sort pas, il reçoit une indemnité de. 3 00

Les pilotes employés à bord des bâtiments dans
le port reçoivent pour chaque marée. 3 00

Lorsque les pilotes abordent à 15 kilomètres
(environ 3 lieues marines) du port un bâtiment
faisant route pour Calais, ils ont droit à une gratification qui est du cinquième des prix fixés pour
le pilotage des bâtiments français ou étrangers
destinés pour le port.

Lorsqu'un capitaine sur rade a demandé un
pilote, il est tenu de l'utiliser, ou, dans le cas
contraire, de lui payer. 12 00

CONDUITE DES NAVIRES DANS UN AUTRE PORT.

ART. 89.

Les salaires des pilotes qui conduisent des bâtiments.

chargés ou non, dans les ports ci-après, en se conformant toutefois aux prescriptions de l'article 18 du décret de 1806, seront fixés comme suit :

DE CALAIS A	Bâtiments français et étrangers assimilés,	
	de 100 tonneaux et au-dessous.	de 101 tonneaux et au-dessus.
	Par navire.	Par tonneau.
Gravelines..........	28 fr. 00 c.	0 fr. 28 c.
Boulogne..........	40 00	0 40
Dunkerque.........	40 00	0 40

Les bâtiments étrangers non assimilés aux français paient moitié en sus des prix fixés ci-dessus.

BATEAUX D'AIDE.

Art. 90.

Il y aura des bateaux spécialement affectés au lamanage, lesquels pourront seuls être employés dans le port ou en rade comme bateaux d'assistance.

Art. 91.

Le nombre de ces bateaux est fixé à huit, dont six doivent toujours être armés, équipés et prêts à prendre la mer ; ils portent un numéro en gros caractères à l'avant et à l'arrière.

Ces bateaux continuent d'être la propriété des pilotes.

Art. 92.

Tout bateau armé a un équipage permanent composé de six hommes, dont un marin maître et un marin second.

Le partage des indemnités fixées par le tarif ci-après est réglé comme suit :

Une part et demie au patron ;

Une part à chacun des autres hommes ;

Une part au bateau.

Art. 93.

L'autorité maritime choisit les maîtres lamaneurs parmi les marins du port, actifs et d'une conduite irréprochable.

Nul ne peut cumuler les fonctions de pilote et de maître lamaneur.

Art. 94.

Les équipages des bateaux lamaneurs sont composés de marins ou d'inscrits maritimes, actifs et âgés de moins de soixante-cinq ans.

Les maîtres lamaneurs se concertent, à cet effet, avec le capitaine de port.

Ils doivent maintenir la police à bord comme elle a lieu à bord des bâtiments du commerce, et peuvent, avec l'approbation du capitaine de port, faire telles mutations qu'ils jugent nécessaires, en se conformant aux lois et réglements sur l'inscription maritime et la police de la navigation.

Si le commerce, les officiers de port ou les pilotes élèvent des plaintes, et s'il est reconnu et constaté qu'un équipage lamaneur fait mal son service, le patron doit être congédié ; les fautes, même légères, des lamaneurs doivent être punies sévèrement.

Art. 95.

Deux bateaux lamaneurs, désignés à tour de rôle, restent constamment avec leurs équipages à la disposition des officiers de port, et doivent se tenir à la place qui leur est indiquée ; ces embarcations sont tenues, au besoin, de débarquer la malle et les passagers.

Art. 96.

Les bateaux lamaneurs ne peuvent sortir du port, pour embarquer ou débarquer la malle et les passagers, sans être montés par un pilote, lequel est alors en possession des droits que la loi confère aux pilotes à bord des bâtiments qu'ils sont chargés de piloter. Il jouit, dans la répartition de l'indemnité, d'un salaire égal à celui du patron lamaneur.

Art. 97.

Lorsqu'un pilote est mis à bord d'un navire par un bateau lamaneur, il fait remise à l'équipage de ce bateau, pour son salaire, du tiers du pilotage à l'entrée.

Cette remise est du cinquième à la sortie.

Art. 98.

out bateau lamaneur requis par un capitaine pour opérer un mouvement quelconque a droit au paiement de sa marée, quand bien même ledit capitaine ne l'aurait pas employé ; cependant, si le retard provient d'un changement de vent ou de toute autre cause étrangère au capitaine, le lamaneur ne reçoit que la moitié de cette allocation.

Art. 99.

Les bateaux lamaneurs destinés à assister, sur la réquisition des capitaines, les navires à l'entrée du port de Calais, doivent se rendre à l'extrémité des jetées, ou, en cas de mauvais temps, se tenir le plus près possible de l'entrée du port.

Tout bateau lamaneur requis d'assister un bâtiment à la sortie, doit se mettre à la disposition du bâtiment une demi-heure avant le départ.

Art. 100.

Pour avoir droit aux allocations stipulées au tarif ci-après, les bateaux lamaneurs employés à l'entrée ou à la sortie sont tenus de ne quitter le bâtiment par eux assisté, dans le premier cas, que lorsqu'il est bien amarré, les chaînes garnies et les défenses mises en place au portage des quais, et, dans le second, qu'après l'avoir mis hors des dangers, à moins qu'ils n'aient été régulièrement congédiés par le capitaine.

Art. 101.

Les bateaux lamaneurs qui vont en rade prendre des

passagers , ou qui les transportent à bord des paquebots
sur rade , ne peuvent en embarquer plus de cinq ; en
cas de mauvais temps , ils n'en peuvent prendre que
quatre (1).

Art. 102.

Les bateaux lamaneurs requis , soit pour les mouvements intérieurs du port , soit pour l'entrée ou la sortie ,
soit enfin pour le débarquement des passagers et autres,
sont payés comme suit , savoir :

NAVIRES.

SERVICE INTÉRIEUR DU PORT JUSQU'AU BOUT DES JETÉES.

Pour les paquebots-postes et les bateaux à vapeur de
Douvres , Folkstone et Ramsgate , ne transportant que des
passagers.   6f 00c
   Pour tout autre navire à voile et à vapeur. . .   7 00
   Entrée ou sortie cumulées de tout bâtiment à
vapeur effectuant ces deux mouvements dans une
même marée. 10 00

---

(1) Suivant dépêche ministérielle du 14 juillet 1855 ,
l'article 101 a été modifié ainsi qu'il suit : Il est permis aux
bateaux lamaneurs de prendre à l'avenir 10 passagers par
le beau temps , 8 par le temps douteux , et 6 par le temps
mauvais.

ENTRÉE OU SORTIE DE TOUT NAVIRE.

Pris ou conduit en-dehors des jetées . . . . .   9' 00'
Pris ou conduit à la mer. 15 00

N. B. Si le bateau est requis de porter un grelin , il sera payé moitié en sus.

Les étrangers non assimilés aux français paient moitié en sus des droits fixés ci-dessus.

PASSAGERS.

Débarquement en rade de 4 ou 5 passagers sur un même bateau , par passager 2 50

Débarquement de moins de 4 passagers sur un même bateau , pour le bateau 10 00

N. B. S'il y a moins de 4 passagers , l'équipage devra les prévenir que le bateau coûte 10 francs , sous peine de perdre son salaire.

Si un bateau lamaneur aborde un navire au moins à trois milles de distance , et que le capitaine ou quelqu'un de l'équipage se fasse conduire à terre , il est payé pour l'aller 12 00

En-deçà de trois milles , le même service sera payé 9 00

Dans l'un ou l'autre cas , le retour donne lieu aux mêmes allocations.

Art. 103.

Les salaires des hâleurs employés aux marées de jour sont réglés comme suit :

De l'entrée du port..	au quai de marée ou à l'écluse de chasse. . .	0f 50c
	à l'intérieur du bassin à flot	1 00
De la tête de la jetée	de l'Ouest à l'intérieur du port.	0 80
	de l'Est à l'intérieur du port.	0 70
De l'écluse de chasse ou du quai de marée..	à l'intérieur du port. . .	0 40
	à l'intérieur du bassin à flot	0 50

Les marées de nuit seront payées moitié en sus.

Les hâleurs commandés et non employés recevront la moitié des prix fixés ci-dessus.

RÉGLEMENT DE POLICE

DU PORT DE COMMERCE DE CALAIS.

ARRÊTÉ DU 2 AOUT 1856.

Le PRÉFET du département du Pas-de-Calais, officier de l'ordre impérial de la Légion-d'Honneur,

Vu les titres 1, 2 et 4 du livre IV de l'ordonnance de la marine du mois d'août 1681 ;

Vu le titre XI de la loi du 16-24 août 1790, concernant les attributions des autorités administratives en matière de police ;

Vu l'article 7 de la loi du 2-17 mars 1791, qui assujettit les ouvriers et gens de peine aux réglemens de police municipale, ensemble la circulaire ministérielle du 3 juillet 1818, relative à cet objet ;

Vu le décret du 15 juillet 1854, portant organisation des officiers et des maîtres de port préposés à la police des ports maritimes de commerce ;

Vu la loi du 19 mai 1802 (29 floréal an X), le décret du 18 août 1810, le titre IX du décret du 16 décembre 1811 et le décret du 10 avril 1812, qui déclare ce titre applicable aux ports maritimes de commerce ; la loi du 23 mars 1842, concernant la police de la grande voirie ;

Vu l'article 538 du Code Napoléon , qui range les ports et les quais qui en sont l'accessoire au nombre des dépendances du domaine public ;

Vu le titre IV du Code pénal et notamment les articles 471 et 484 de ce Code ;

Vu la décision de M. le ministre de l'agriculture, du commerce et des travaux publics , en date du 5 juillet 1856 ;

ARRÊTE :

CHAPITRE PREMIER.

Entrée des navires dans le port.

ARTICLE PREMIER.

Tout pilote , en abordant en mer un navire destiné pour le port , doit , indépendamment des dispositions prescrites par le décret du 12 décembre 1806 , et par les réglements particuliers de l'arrondissement et de la station, s'informer près du capitaine si ce bâtiment est susceptible d'échouage , et quel est son tirant d'eau. Il prendra , sous sa responsabilité personnelle , les mesures nécessaires pour prévenir tout sinistre.

Art. 2.

Tout navire, soit à l'entrée, soit à la sortie du port, devra arborer le pavillon de sa nation.

Les bateaux affectés à la pêche côtière sont seuls affranchis de cette obligation.

Quand les vents souffleront du N.-O. au S.-E. (par le N.) les navires entrants auront toujours à l'arrière une ancre à jet qui sera mouillée au besoin, à l'effet de diminuer leur vitesse.

Art. 3.

Tout capitaine, à son entrée dans le port, doit élonger le long du beaupré la vergue de civadière et l'arc-boutant de martingale, tenir le bout-dehors de foc prêt à rentrer, rentrer les bouts-dehors de clin-foc, apiquer les basses vergues, carguer les voiles, et prendre de lui-même, ou sur l'injonction verbale des officiers de port, les autres mesures nécessaires propres à prévenir tout accident.

Art. 4.

Aucune ancre ne doit être mouillée dans la passe des navires ; mais on peut, avec l'autorisation des officiers de port, les mouiller dans tout autre endroit du port, en ayant soin d'y attacher un orin avec bouée.

Art. 5.

Dans le cas où un navire échouera avant d'arriver à quai, le capitaine sera tenu de caler ses mâts de perroquet et même ceux de hune ; il mettra la chaloupe à l'eau et prendra de lui-même , ou sur l'injonction verbale des officiers de port, les autres précautions propres à prévenir tout accident.

Art. 6.

Il est fait défense aux courtiers, interprêtes , commis négociants , constructeurs et autres, de monter à bord des navires entrants avant leur arrivée au quai.

Art. 7.

Tout capitaine entrant dans le port, après avoir rempli les prescriptions sanitaires , doit, dans les vingt-quatre heures , déclarer par écrit aux officiers de port le nom, le tirant d'eau, le tonnage, le nombre d'hommes d'équipage et la nature de son chargement.

Ces déclarations sont inscrites, dans l'ordre de leur présentation, sur des registres spéciaux, cotés et parafés par le maire ; l'indication du numéro d'inscription sera portée sur l'original.

L'ordre de ces déclarations réglera celui dans lequel les navires seront admis à se placer à quai , selon la nature de leur chargement, leur tirant d'eau , et conformément aux usages.

Les officiers de port resteront juges des circonstances exceptionnelles qui pourraient motiver une dérogation à cette règle générale.

Tout capitaine qui aura laissé passer son tour sera porté le dernier sur la liste des navires en déclaration.

Art. 8.

A moins de cas extraordinaires, aucun navire ne pourra mouiller entre les jetées.

Cependant les bateaux pêcheurs, rentrant à la fin de la marée, pourront s'échouer dans le chenal ou à l'entrée du port ; mais aussitôt qu'ils flotteront, ils devront appareiller ou aller se placer et s'amarrer à quai.

Art 9.

Tout maître ou patron de pêche, à l'entrée comme à la sortie, devra rentrer son bâton de traille et ses chandeliers dits *meulettes*, de manière qu'ils ne fassent point saillie en-dehors du bateau.

Art. 10.

Aucun bâtiment louvoyant dans le port ne devra chercher à devancer ceux qui le précéderont. Tous seront tenus de se conformer à l'usage maritime en vertu duquel le bâtiment qui a ses amures à bâbord laisse arriver pour celui qui a ses amures à tribord.

CHAPITRE II.

Entrée des navires dans les bassins.

Art. 1er.

Un pavillon national hissé annoncera que les bassins doivent être ouverts.

Les officiers de port donneront les ordres nécessaires pour la manœuvre des portes et des ponts.

A moins de circonstances exceptionnelles, dont ils seront seuls juges, ces portes ne seront ouvertes ni avant le lever ni après le coucher du soleil, jamais en gros temps, ni exprès pour les bateaux de pêche.

Art. 2.

Les navires qui doivent entrer dans les bassins se présenteront, autant que possible, devant les portes avant le moment de la pleine mer.

Art. 3.

Les officiers de port assisteront à l'entrée des navires dans les bassins.

Ils donneront au capitaine, qui doit toujours être à son bord pendant cette opération, les ordres nécessaires pour le passage des écluses et des ponts.

Art. 4.

Les bateaux de pêche ne pourront entrer dans le bassin d'échouage du Petit-Paradis, ni en sortir sans voiles.

CHAPITRE III.

Séjour et mouvement des navires dans le port et dans les bassins.

Art. 1er.

Toutes les fois que les écluses de chasse devront

jouer, cette opération sera annoncée, pendant la pleine mer précédente , au moyen d'un pavillon bleu qui sera placé et enlevé en temps utile par l'éclusier.

A ce signal, les navires placés à quai dans le port d'échouage devront doubler leurs amarres , et les bateaux de pêche, allant et venant dans le chenal, devront se ranger avant la basse mer, pour ne point entraver les chasses.

Art. 2.

Aucun mouvement ne pourra être fait dans le port qu'avec l'autorisation et conformément aux ordres des officiers de port.

Art. 3.

Tout capitaine devra se rendre à la place qui lui sera assignée par les officiers de port. En accostant les quais. il prendra les précautions nécessaires pour ne pas les dégrader.

Art. 4.

Il ne pourra s'amarrer ailleurs qu'aux boucles, bornes ou pieux destinés à cet effet ; les amarres seront placées aussi bas que possible , afin de prévenir les accidents.

Il garnira son navire amarré de défenses convenables pour éviter les avaries ; il souffrira le passage des navires au large et recevra leurs amarres ; il ne pourra refuser de recevoir une haussière, ni de larguer les amarres pour faciliter les mouvements des autres navires.

Les navires et bateaux de pêche à quai devront livrer passage pour le déchargement de bateaux de pêche qui se trouveraient au large d'eux.

Art. 5.

Tout navire désarmé doit avoir un gardien. Les noms et domiciles des individus préposés à la garde des navires seront, à la diligence des capitaines, armateurs ou consignataires, inscrits sur un registre spécial tenu au bureau des officiers de port.

Art. 6.

S'il faut exécuter une manœuvre que le gardien d'un navire ne pourrait opérer seul, les officiers de port auront le droit de placer à bord le nombre d'hommes de corvée qu'ils jugeront nécessaire. Ces hommes seront payés par les capitaines, armateurs, consignataires ou propriétaires des navires, sur un état dressé par les officiers de port et rendu exécutoire par le préfet.

Toutefois, si le mouvement ne doit avoir lieu que dans l'intérêt particulier d'un navire, auquel il est convenable d'affecter la place occupée déjà par un navire désarmé, celui en faveur duquel le mouvement sera ordonné fournira ou paiera les hommes qui, de concert avec le gardien, exécuteront le déplacement.

Dans le cas où le gardien ne serait pas à bord, il serait pourvu à son remplacement momentané par les officiers de port, aux frais du navire dont la surveillance lui est confiée.

La même faculté est accordée aux officiers de port

pour les bâtimens armés dont les équipages ne seraient pas à bord au moment du besoin.

ART. 7.

Il est interdit de conserver les voiles au sec, ou de les larguer pendant la nuit. En cas de tempête, tout capitaine ou gardien devra doubler les amarres, dégréer les vergues de perroquet et caler les mâts de hune et de perroquet.

ART. 8.

Le balayage des quais sera fait par les soins de chaque capitaine, entre l'arête du quai et les pieux d'amarre, devant son navire et jusqu'à moitié de la distance qui le sépare des navires voisins.

Le balayage aura lieu chaque jour, après la cessation des travaux ; les immondices seront mises en tas ; dans aucun cas et sous aucun prétexte, elles ne seront jetées ni dans le port ni dans les bassins.

ART. 9.

Tout navire devra hisser le pavillon de sa nation les dimanches et jours fériés, et toutes les fois que celui du port sera arboré.

CHAPITRE IV.

Chargements et déchargements.

ART. 1er.

L'espace réservé sur le terre-plein des quais pour la

circulation devra toujours rester complètement libre.

Les marchandises de chaque navire pourront rester déposées sur le reste du terre-plein pendant le temps qui leur est accordé pour les chargements et déchargements.

Art. 2.

Le tour de rôle des navires, pour les déchargements dans le port ou dans le bassin, sera déterminé par la date de la déclaration mentionnée à l'article 7, chapitre Ier.

Sera considéré comme entré dans le bassin tout navire qui, ayant fait sa déclaration, aura été retenu par force majeure dans le port. Toutefois, ce navire n'aura la préférence que sur les bâtiments dont le déchargement ne serait pas commencé.

Pour les chargements, les demandes ne seront admises qu'à partir du jour où le déchargement sera complètement terminé, et les réparations des navires entièrement faites.

Art 3.

Toutes les fois qu'un navire aura besoin de se servir d'une grue, le capitaine ou le consignataire devra en prévenir les officiers de port ; l'ordre des demandes réglera celui dans lequel il sera admis à se servir de cette machine.

Art 4.

Il ne pourra être élevé de tentes sur les quais qu'en vertu de l'autorisation écrite des officiers de port.

L'espace d'une tente à l'autre devra toujours être entièrement libre. L'autorisation entraînera, de plus, et à la
charge de ceux qui l'auront obtenue, l'obligation de réparer le pavé ou l'empierrement, de régaler et de
nettoyer l'espace occupé par les tentes, après leur enlèvement.

Art. 5.

Tout chargement ou déchargement devra être terminé
dans les délais ci-après, qui comprennent les dimanches
et jours fériés, savoir : (1)

Pour les navires au-dessous de 100 tonneaux, dans
le délai de huit jours ;

Pour les navires de plus de 100 à 200 tonneaux, dans
le délai de douze jours ;

Pour les navires de 200 tonneaux et au-dessus, dans
le délai de quinze jours.

Il sera accordé vingt-quatre heures en sus aux navires
qui auront besoin de prendre du lest pour se tenir debout après leur déchargement.

En cas de force majeure, suffisamment constatée,
qui aurait empêché de terminer un chargement ou un
déchargement dans le délai fixé, les officiers de port
pourront accorder une prorogation.

---

(1) Ces dispositions consacrent les usages locaux sur les
jours de planche, tels qu'ils ont été reconnus et constatés
par le Tribunal et la Chambre de Commerce de Calais.

Art. 6.

Tous les délais courront du jour de la mise à quai.

Quand ils seront expirés, le navire sera relevé. S'il reste des marchandises sur le quai, procès-verbal sera dressé contre les retardataires, et les marchandises seront transportées d'office au lieu de dépôt qui sera désigné à cet effet, d'où elles ne pourront être retirées qu'après l'acquittement, par les intéressés, du prix de transport, du droit de magasinage et de tous autres frais accessoires.

Toutefois, il est accordé, pour l'enlèvement des bois, un délai de huit jours, outre celui fixé pour le déchargement.

Les marchandises destinées aux bateaux à vapeur, faisant la navigation régulière avec l'Angleterre, pourront être temporairement déposées sous l'auvent de la gare aux marchandises du chemin de fer et le long du quai sud du port d'échouage, mais à la condition :

1° Qu'elles seront placées avec ordre et signalées par des luminaires, de manière à ne point nuire à la circulation ;

2° Que leur emplacement sera entretenu constamment propre par les soins des propriétaires ou des consignataires desdites marchandises.

Elles devront d'ailleurs être déplacées et même enlevées à la première réquisition des officiers du port.

Les officiers de port pourront faire retirer du quai tout navire qui aura terminé son chargement ou son déchargement avant d'avoir épuisé le délai que le règlement lui accorde.

Ils pourront toujours intervenir pour déterminer les facilités que les navires devront s'accorder réciproquement.

Art. 7.

Aucune marchandise en déchargement ne sera lancée du bord à terre ; elle devra être amenée, au palan ou à la main, sur le quai. .

Les matières lourdes ne pourront être portées que sur rances.

Les pavés, blocs, plâtres, métaux et autres marchandises semblables ne pourront être embarqués ou débarqués sans que le dallage soit garni de planches.

Nul ne pourra charger, décharger ni transborder des tuiles, briques, plâtres, moëllons, terre à faïence, sables, houilles, etc., sans placer entre le navire et le quai une toile ou prélart bien conditionnée et solidement attachée.

Art. 8.

Le déchargement du plâtre, des moëllons et des pavés de grès ne pourra avoir lieu dans les bassins, à moins que la construction des navires ou que des circonstances particulières ne l'exigent.

Art. 9.

Les marchandises infectes, dont le séjour sur le quai pourrait compromettre la santé publique, seront transportées immédiatement dans le lieu qui sera disposé à cet effet.

Faute par le capitaine de remplir cette obligation, il y sera pourvu d'office, à la diligence de l'administration municipale.

Il n'est pas dérogé par cet article aux réglements de police ayant pour objet d'assurer la destruction immédiate du poisson gâté.

Art. 10.

Chaque soir, à la fin du travail, les rances, échelles, planches et autres objets servant à l'embarquement ou au débarquement, seront rangés le long et en-dedans de la ligne des pieux d'amarre, et les chaînes de garde qui relient ces pieux seront replacées.

Art. 11.

Les voitures, charriots et fourgons ne doivent stationner sur les quais que pendant le temps rigoureusement nécessaire pour le chargement ou le déchargement.

Art. 12.

Tout capitaine, avant de quitter le quai, doit faire balayer avec le plus grand soin l'espace qu'ont occupé les marchandises pendant la durée du chargement ou du déchargement de son navire, et faire replacer les chaînes de garde de la ligne des pieux d'amarrage.

CHAPITRE V.

Lestage et délestage.

ART. 1er.

Les officiers de port désigneront, conformément aux indications fournies par les ingénieurs des ponts-et-chaussées, les points où le lest devra être pris, et ceux où devront être déposés les produits des délestages.

ART. 2.

Il est interdit à tout capitaine de jeter son lest dans les ports, canaux, bassins et rades, ou de le faire porter ailleurs qu'aux lieux désignés par les officiers de port.

ART. 3.

Nul ne pourra embarquer ni débarquer du lest sans en avoir préalablement fait la demande par écrit et obtenu l'autorisation des officiers de port. Les demandes indiqueront d'une manière précise les noms du capitaine, du navire, de l'armateur ou consignataire, le lieu où le bâtiment est placé, ainsi que la quantité, l'espèce ou la qualité du lest.

Ces demandes seront inscrites au bureau des officiers de port dans l'ordre de leur présentation, sur un registre spécial ; l'indication du numéro d'inscription de chaque demande sera portée sur l'original, dont il sera fait remise au capitaine ou consignataire.

L'ordre des demandes indiquera celui des autorisations , à moins que des circonstances exceptionnelles , dont les officiers de port seront seuls juges, ne motivent une dérogation à cette règle.

Il est interdit à tout capitaine de donner son lest à un autre, ou de réembarquer celui qu'il aura mis à quai , avant d'en avoir fait vérifier la salubrité par les officiers de port, qui pourront accorder ou refuser l'autorisation.

Sont exceptés de cette disposition le lest en fer et les pierres connues sous le nom d'iron-stones, ou pierres de fer.

Art. 4.

Il est défendu de travailler au lestage ou au délestage pendant la nuit, à moins d'une autorisation spéciale des officiers de port.

Art. 5.

L'embarquement et le débarquement du lest entraînera l'obligation indiquée à l'article 7 du chapitre IV , d'employer une toile ou prélart bien conditionnée et solidement attachée.

Si cette opération n'a pas lieu dans les gabares ou par le sabord du navire , on devra se servir de mannes. Le lest disposé sur le quai sera embarqué ou enlevé dans le jour.

Aucun bâtiment ne pourra quitter la place où il aura chargé ou débarqué son lest avant que le quai ait été balayé.

CHAPITRE VI.

Bateaux à vapeur.

Art. 1er.

Les bateaux à vapeur sont assujettis à la surveillance des officiers de port, en tout ce qui concerne le chauffage, le ramonage des cheminées, la police des départs et des arrivées, les lieux de stationnement et d'amarrage et la sûreté des voyageurs.

Art. 2.

Tout capitaine de bateau à vapeur devra faire éteindre ses feux dès son arrivée dans le port. Dès que les bateaux à vapeur seront amarrés, les officiers de port, ou leurs préposés, se rendront sur-le-champ à bord pour vérifier si toutes les précautions nécessaires ont été observées ; ils ne quitteront le bateau qu'après s'être assurés que les charbons et les cendres ne laissent échapper aucune fumée et sont entièrement refroidis.

Cependant, tout bateau à vapeur pourra rester en feu s'il doit reprendre la mer moins de six heures après son arrivée.

Art. 3.

Lorsqu'un bateau à vapeur se disposera à sortir du port, le capitaine, en faisant sa déclaration, fera connaître l'heure à laquelle il devra allumer ses feux. Il ne pourra faire cette opération qu'en présence des officiers de port ou de leurs préposés. Ceux-ci ne quitteront le bâtiment que lorsqu'il poussera au large.

Si le départ du bateau à vapeur est retardé, le feu sera immédiatement éteint, comme il est dit à l'article précédent ; en cas de refus du capitaine, les officiers de port feront procéder d'office à cette extinction.

ART. 4.

Les bateaux à vapeur ne pourront marcher qu'à petite vitesse dans le port et dans le chenal.

CHAPITRE VII.

Précautions contre l'incendie. — Fumigations. — Chauffage.

ART. 1er.

Aucun navire ne pourra entrer dans le port avec ses canons ou autres armes à feu chargés. S'il est porteur de poudres ou artifices, le capitaine devra en faire la déclaration aux officiers de port, qui surveilleront le débarquement immédiat de ces matières et leur dépôt à la poudrière ou dans le lieu désigné à cet effet.

Toutefois, et sous la condition expresse de la même déclaration, les paquebots qui sont munis de canons de petit calibre, destinés à faire des signaux en cas de brouillard ou d'accident, pourront conserver à bord la quantité de poudre nécessaire pour douze charges.

Art. 2.

Tout capitaine de bâtiment dont la cargaison se composera, en totalité ou en partie, de salpêtre ou de soufre, sera tenu, avant d'être admis à prendre place au quai, d'en faire la déclaration, sous peine de demeurer responsable de tous dommages et accidents que la nature du chargement pourrait occasionner, le tout sans préjudice des poursuites de droit devant les tribunaux compétents.

Il se rendra de suite, un pavillon rouge en tête du mât, au lieu désigné par les officiers de port, qui devront eux-mêmes prévenir immédiatement l'autorité municipale.

Il ne peut être employé, pour le chargement ou le déchargement du soufre, que des pelles en bois : l'usage de pelles en fer est expressément interdit.

Art. 3.

Il est défendu d'avoir du feu, soit à bord des bâtiments, soit sur le quai en-dedans des pieux d'amarre, soit autour des tentes ou des tas de marchandises : d'y avoir de la lumière autrement que dans un fanal ; d'y porter des boulets, pinces en fer rougies pour chauffer du brai ou pour tout autre usage ; d'y fumer autre part que sur le pont et de jour, entre le lever et le coucher du soleil.

Il pourra néanmoins être dérogé aux prescriptions du paragraphe qui précède, sauf la défense de fumer la nuit, en vertu d'une autorisation écrite, qui sera donnée en cas de nécessité urgente par les officiers de port, dans les autres cas, par le préfet, sur l'avis des officiers de port et des ingénieurs.

Ces autorisations seront toujours motivées sur une utilité démontrée et accordées sous toutes les conditions propres à prévenir les accidents, et à la charge de souffrir la surveillance de l'emploi du feu.

En cas de négligence constatée, l'autorisation sera retirée (1).

ART. 4.

Les gardiens des navires désarmés entretiendront constamment deux bailles pleines d'eau sur le pont.

ART. 5.

En cas d'incendie en ville, les capitaines appelleront leurs équipages à bord, et devront sur-le-champ faire serrer les voiles et les tentes. Les officiers de port surveilleront ces opérations.

ART. 6.

En cas d'incendie à bord d'un vaisseau, le capitaine

---

(1) Il résulte d'une lettre adressée par M. le sous-préfet à la Chambre de Commerce de Calais, le 9 décembre 1856, que M. le préfet a délégué M. l'ingénieur en chef des ports, avec faculté de sous déléguer ses pouvoirs à MM. les ingénieurs d'arrondissement ou autres personnes chargées de la visite et de la surveillance des navires, pour autoriser l'usage du feu sur les bâtiments toutes les fois qu'il sera reconnu que cette tolérance n'entraîne aucun inconvénient.

ou gardien devra en toute hâte faire prévenir les officiers de port.

C'est à eux qu'appartiendra la direction des secours.
Ils pourront requérir tous les capitaines d'envoyer leurs
matelots porter secours au lieu du péril, et tous les
ouvriers du port, sans exception, de prêter la main
aux manœuvres qui seront jugées nécessaires. Ils auront soin, d'ailleurs, d'avertir sans délai l'autorité
municipale.

Les précautions prescrites par l'article précédent
seront observées par les capitaines, gardiens et matelots
qui se trouveront à bord des navires.

Art. 7.

Toutes les fois qu'il sera nécessaire de faire des fumigations à bord d'un bâtiment, ou de chauffer ses soutes
pour les brayer, il en sera donné avis aux officiers de
port, qui fixeront le lieu et l'heure de l'opération. Elle
ne pourra être faite que par un maître calfat et sous la
surveillance des officiers de port.

L'officier chargé de cette surveillance ne pourra
permettre d'allumer le feu qu'après s'être assuré :

1° Qu'il y a un grenier de lest assez élevé et assez
étendu au-dessus de la carlingue ;

2° Que la chaudière contenant les ingrédients est
isolée de toute matière combustible ;

3° Que le pont du navire est garni de plusieurs seaux
pleins d'eau, de deux seilles de terre, d'une hache, de
deux ciseaux et de deux marteaux ou maillets ;

4° Qu'il se trouve au moins six hommes disponibles à bord du bâtiment ;

5° Qu'une chaloupe toute parée est disposée le long du bord ;

6° Qu'un bateau-pompe est placé près du bord, prêt à servir en cas d'accident.

Le maître calfat chargé de l'opération devra la terminer sans désemparer. Il visitera la cale, s'assurera que le feu est éteint, et en fera son rapport à l'officier surveillant, qui vérifiera personnellement l'état des choses.

ART. 8.

Aucun navire ne pourra être chauffé sans que la déclaration en ait été faite aux officiers de port par le capitaine.

Si le chauffage doit être fait au gril ou au ponton, le tour de rôle sera déterminé par la date des déclarations.

S'il s'agit d'un chauffage qui ne doive pas avoir lieu au gril ou au ponton, les officiers de port fixeront le lieu et l'heure de l'opération.

ART. 9.

Dans tous les cas, le chauffage sera fait par un maître calfat, sous la surveillance des officiers de port.

Le surveillant s'assurera, avant de laisser allumer le feu, que les bâtiments sont séparés par un espace convenable, eu égard à la force et à la direction du vent, et écartés d'au moins six mètres du quai ; que le gouvernail est démonté, la louve planchéiée et terrée ainsi que les croisées, hublots, sabords et bouteilles ; que les coutures de la voûte sont bien calfatées, et qu'enfin le navire est garni de garde-feux.

Pendant la durée du chauffage, des hommes devront être placés à l'avant et à l'arrière, avec des seaux pleins d'eau, pour arroser les rides et les amarres et surveiller le feu.

Dès que l'opération sera terminée, le capitaine sera tenu de visiter l'intérieur du navire, afin de s'assurer qu'il n'y est point entré de feu ; il en fera immédiatement son rapport à l'officier de port surveillant.

Art. 10.

Il est interdit de chauffer après trois heures de l'après-midi en hiver et après six heures en été, à moins d'une autorisation écrite des officiers de port.

Il est pareillement interdit de chauffer du brai ou goudron ailleurs qu'aux lieux déterminés par la police municipale et désignés par les officiers de port.

Les maîtres calfats de bordée seront tenus, sous leur responsabilité personnelle, d'empêcher qu'il soit mis à bord des navires aucun bois qui aurait déjà été allumé, et de veiller à ce que les chaudières servant au brai ne soient serrées qu'après leur refroidissement.

CHAPITRE VIII.

Construction, Radoubage, Carénage et Démolition de Navires.

Art. 1er.

Aucun navire, canot ou embarcation ne pourra être

construit, caréné ou démoli que sur les points affectés à ces opérations, aux heures, avec les précautions et dans les délais prescrits par les officiers de port.

Art. 2.

La mise à l'eau d'un navire ne pourra avoir lieu sans la permission des officiers de port, qui assisteront à l'opération et prendront, de concert avec l'autorité locale, les dispositions d'ordre et de police qui seront nécessaires.

Art. 3.

Les propriétaires de vieux bâtiments hors d'état de naviguer seront tenus de les démolir.

Ils devront faire leur déclaration aux officiers de port, qui fixeront le lieu de la démolition, sans préjudice des formalités à remplir envers les administrations de la marine et de la douane.

Le délai pour la démolition et l'enlèvement des navires sera de quinze jours pour les navires de 30 tonneaux et au-dessous, de trente jours pour ceux de 30 à 200 tonneaux, et de quarante-cinq pour les autres. Ce délai comptera du jour où le bâtiment aura pris place pour l'opération.

Le terme expiré, il pourra y être pourvu d'office, à la diligence des officiers de port.

Art. 4.

Toutes les fois qu'un navire aura coulé bas dans les jetées, dans le port ou les bassins, le propriétaire ou le capitaine devra le faire relever ou dépecer sans délai.

Les travaux commencés ne pourront être interrompus.

Les officiers de port sont autorisés à prendre, selon l'urgence, toutes les mesures convenables pour presser l'exécution des travaux, même à les faire exécuter d'office aux frais du propriétaire. Ils se conformeront d'ailleurs à ce qui est prescrit par l'article 14 du décret du 15 juillet 1854.

Art. 5.

Les capitaines ou maîtres auxquels il sera permis de faire des fosses dans les cales ou dans le port, pour le radoub de leurs navires, seront tenus de les faire combler dans les vingt-quatre heures qui suivront le moment où lesdits navires en auront été retirés.

CHAPITRE IX.

Conservation des ouvrages du port. —Police des quais.

Art. 1er.

Les pilotes, maîtres et patrons sont responsables des avaries que leurs bâtiments peuvent causer aux ouvrages dépendant du port, les cas de force majeure exceptés.

Toutes les dégradations faites aux couronnements et autres parties de quais et au matériel de l'éclairage seront réparées aux frais de ceux qui les auront occasionnées, sans préjudice des poursuites à exercer contre eux pour le fait de la contravention.

Art. 2.

Il est défendu de faire rouler les brouettes, tombereaux et voitures sur les couronnements des quais, comme aussi de laisser poser les chaînes-câbles sans garnitures sur les tablettes et sur les pièces de rive.

Art. 3.

Les officiers de port veilleront avec le plus grand soin à ce que les portes et ponts ne soient pas abordés par les navires.

Art. 4.

Il est défendu à qui que ce soit :

De verser des liquides insalubres ; de jeter des terres, décombres, comestibles gâtés et autres matières et ordures dans le port ou dans les bassins ;

De faire aucun dépôt sur les parties des quais réservées à la circulation, de déposer sur les autres aucune marchandise et objet quelconque autre que ceux qui sont destinés à être embarqués, ou qui sont débarqués des navires, sous peine de l'enlèvement de ces objets aux frais du contrevenant, à la diligence des officiers de port, et sans préjudice des poursuites à exercer pour le fait de la contravention :

D'étendre des filets, voiles, cordages, etc., sur les quais, chaînes, ponts et estacades ;

D'y tailler des pierres, de faire aucun ouvrage de charpente ou de menuiserie, sans l'autorisation des ingénieurs du port ;

De ramasser des moules et autres coquillages sur les ouvrages du port ;

D'y suspendre ou amarrer aucune espèce de machines ou engins quelconques.

Les canots, ancres, mâts, vergues, etc., ne pourront d'ailleurs séjourner plus de vingt-quatre heures sur les quais, si ce n'est vis-à-vis l'emplacement du gril de carénage, quand ils proviendront d'un navire qui y sera en réparation.

Les mâts, vergues et autres pièces de bois devront toujours être rangés en-dedans des pieux d'amarre, parallèlement à l'arête du quai, et y occuper le moins d'espace possible.

Art. 5.

Il est défendu à toute personne de larguer ou couper des amarres qui seraient portées pour faciliter les mouvements des navires ou les tenir à quai.

Art. 6.

Les voitures non suspendues doivent circuler au pas dans toute l'étendue du port. Les voitures suspendues pourront aller au trot sur les chaussées pavées et empierrées ; mais elles devront prendre le pas sur les établissements en charpente.

CHAPITRE X.

Officiers et Maîtres de port.

ART. 1er.

Les officiers et maîtres de port sont chargés de veiller à la propreté et à la sûreté matérielle de la rade, des ports, des bassins, quais et autres ouvrages qui en font partie.

Ils exercent en outre la police sur le port et toutes les dépendances, les rades exceptées.

ART. 2.

Ils surveillent et contrôlent l'éclairage des phares et fanaux et les signaux de nuit dans l'étendue du port.

Ils règlent l'ordre d'entrée et de sortie des navires dans le port et dans les bassins; ils fixent la place que ces navires doivent occuper, les font ranger et amarrer, ordonnent et dirigent tous leurs mouvements.

Ils surveillent les lestages et les délestages, et veillent notamment à ce que le lest soit pris ou déposé dans les lieux indiqués par l'ingénieur des ponts et chaussées, sous les ordres immédiats duquel ils sont placés.

Ils prescrivent les mesures nécessaires pour que le lancement à la mer des navires de commerce s'effectue sans obstacle et sans accident; ils surveillent les fumigations, le chauffage, le calfatage, le radoub et la démolition des navires.

Ils veillent à l'extinction des feux, à l'enlèvement des poudres, aux débarquements et embarquements, ainsi qu'à la sûreté des navires, et dirigent les secours qu'il faut leur porter quand ils sont en danger, notamment en cas d'incendie.

Ils doivent, en un mot, veiller au maintien de l'ordre public, et assurer spécialement l'exécution de toutes les dispositions du présent réglement.

Art. 3.

Bien que leur surveillance soit de tous les instants, ils doivent plus particulièrement, aux heures de marées et en cas de gros temps, tant de jour que de nuit, se transporter partout où les besoins du service réclament leur présence.

Art. 4.

Les officiers et les maîtres de port sont pareillement chargés de la surveillance des pilotes et de la police du pilotage, dans les ports où il n'existe ni officier militaire directeur des mouvements, ni agent spécial de l'autorité maritime.

Les officiers et les maîtres de port, lorsqu'ils sont chargés du pilotage, reçoivent directement des pilotes les rapports prescrits par les articles 23, 36, 37, 38, 39 et 49 du décret du 12 décembre 1806.

Dans le cas contraire, ces rapports leur sont transmis

par l'intermédiaire des officiers ou agents spécialement préposés au service du pilotage.

Dans tous les cas, la surveillance des pilotes et la police du pilotage sont exercées sous la direction exclusive de l'autorité maritime.

Art. 5.

Les officiers et les maîtres de port donnent des ordres aux capitaines, patrons, pilotes et maîtres hâleurs, en tout ce qui concerne les mouvements des navires et l'accomplissement des mesures de sûreté, d'ordre et de police qu'il est nécessaire d'observer ou qui sont prescrites par les règlements.

Ils donnent des ordres aux pontiers et éclusiers en tout ce qui se rapporte à la manœuvre des ponts mobiles et des écluses de navigation.

Ils requièrent, dans les cas et conditions prévus par l'article 15 de la loi des 9-13 août 1791, les navigateurs, pêcheurs et autres personnes, pour exécuter les travaux d'office en cas d'urgence.

Tous les ouvriers travaillant sur le port, tout en restant soumis aux règlements de police municipale, doivent, pendant les heures de travail, obéir aux réquisitions des officiers et maîtres de port.

Art. 6.

Les officiers et les maîtres de port peuvent, en cas de nécessité, sans autre formalité que deux injonctions verbales, couper ou faire couper les amarres que les capitaines, patrons ou autres, étant dans les navires, refuseraient de larguer.

Ils ont le droit, aussi dans le cas d'urgence ou d'inexécution des ordres qu'ils auraient donnés, de se rendre à bord et d'y prendre, à la charge des contrevenants, toutes les mesures nécessaires à la manœuvre des navires.

Art. 7.

Toutes les fois qu'ils ont fait exécuter d'office des travaux qui doivent être mis à la charge des délinquants, ils dressent des états de frais, qui seront rendus exécutoires par le préfet du département.

Art. 8.

Les officiers et les maîtres de port doivent être toujours revêtus de leur uniforme dans l'exercice de leurs fonctions.

Art. 9.

Dans le cas où ils sont injuriés, menacés ou maltraités dans l'exercice de leurs fonctions, et lorsqu'ils ont, en conformité de l'article 16 de la loi du 13 août 1791, requis la force publique et ordonné l'arrestation provisoire des coupables, ils doivent dresser immédiatement un procès-verbal et le transmettre directement au procureur impérial.

Art. 10.

A peine de destitution et sous aucun prétexte, ils ne pourront ni exiger ni accepter de qui que ce soit aucune indemnité, rétribution ni gratification, sauf les exceptions prévues à l'article 3 du décret du 15 juillet 1854 (1).

CHAPITRE XI.

Contraventions et Peines.

Art. 1er.

Les contraventions au présent réglement et tous autres délits et contraventions concernant la police du port, des bassins et des quais seront constatés par procès-verbaux des officiers et des maîtres de port, commissaires de police et autres agents ayant qualité pour verbaliser.

Art. 2.

Les procès-verbaux constatant des contraventions de simple police sont transmis au commissaire de police remplissant les fonctions du ministère public près les tribunaux de simple police.

----

(1) Cet article est ainsi conçu : « Outre les traitements ci-dessus fixés, les officiers et les maîtres de port reçoivent les allocations dont la perception serait autorisée par la loi annuelle des finances, et qui leur seraient accordées en vertu de réglements particuliers de port, homologués par le ministre de l'agriculture, du commerce et des travaux publics, sur l'avis des chambres de commerce, etc. »

Ceux constatant les délits de nature à entraîner des peines correctionnelles sont transmis directement au procureur impérial.

Ceux constatant des contraventions assimilées par le décret du 10 avril 1812 aux contraventions de grande voirie sont transmis à l'ingénieur des ponts et chaussées.

Art. 3.

A défaut de capitaine, maître ou patron, les armateurs et propriétaires de navires seront responsables des contraventions au présent réglement.

Art. 4.

Toutes les fois qu'une exécution d'office aura eu lieu, et que l'état de frais n'aura pas été acquitté par les contrevenants avant l'époque du départ de leur navire ; lorsqu'un capitaine ou patron ou une personne de l'équipage aura commis une contravention aux règles de la police des ports, et que le tribunal compétent n'aura pas encore prononcé, le navire ne pourra partir qu'après que le capitaine aura fourni bonne et valable caution pour le montant des frais à supporter par les délinquans ou de l'amende qu'entraînerait la condamnation qui pourra être prononcée.

TARIF DES DROITS DE MAGASINAGE

A L'ENTREPOT DE CALAIS.

A.

	Le premier mois.	Les autres mois.
Acide oxalique, par colis	1ᶠ »	»ᶜ 50
Acier, caisse et baril, au-dessus de 500 kilog.	1 »	» 50
Acier, caisse et baril, au-dessous de 500 kilog.	» 50	» 30
Acier en barres, fer, plomb et étain, les 1,000 kilog.	» 50	» 25
Aiguilles à coudre, passe-lacets, hameçons, par colis	1 »	» 50
Alun en vrac, les 1,000 kilog. . . .	2 50	1 25
D° par barrique de 401 kilog. et au-dessus	1 50	» 75
D° par barrique de 150 à 400 kilog.	» 60	» 30
Amidon, par colis	1 »	» 50
Anchois marinés, en petits barils . .	» 05	2ᶜ 1/2

Ardoises, le mille, en nombre . . . . »' 20 »' 12
Armes de guerre (canons, pierriers,
  etc., comme ancres et chaînes en fer),
  les 1,000 kilog. . . . . » 50 » 25

B.

Baleine (fanons de), la botte. . . . 1 » » 50
  D° (blanc de) de toute espèce, par
  colis . . . . » 80 » 40
Bambous et joncs, par balle ou paquet. 1 » » 50
Beurre salé (comme viande salée), par
  colis . . . . » 25 » 15
Bière (boisson fermentée), par baril . » 25 » 15
Bijouterie de toute nature, par colis . 2 » 1 »
Biscuits de mer (comme farines alimen-
  taires et toutes autres), le sac ou le
  baril . . . . » 25 » 15
Bitume fluide (comme genièvre), par
  pièce. . . . . 1 » »' 50
Bois de teinture. marqueterie, ébénis-
  terie, acajou, gaïac. les 1,000 kil. 3 » 1 50
Borax raffiné (comme potasse), pr baril. » 40 » 20
Bouchons de liège, les 100 kilog. . . 1 » » 50
Boutons de nacre de perle (merc. fine). 1 » » 50
Broches en acier (comme outils d'acier
  et acier). . . . . 1 » » 50

C.

Câbles et ancres en fer, les 1,000 kilog.		»ˡ 50	»ˡ 25
Cachemires des Indes		2 50	1 25
Café, cacao, poivre et quercitron, le boucaut.		1 »	» 50
Dº barrique de 300 kilog. .		» 75	» 40
Dº tierçon		» 50	» 25
Dº quart et balle		» 25	» 15
Dº en sacs ou balles n'excédant pas 100 kilog., les 100 kilog. .		» 20	» 10
Calomel (médicaments composés), comme prohibé, par colis. . . .		1 »	1 »
Canelle, girofle, etc., par caisse . .		1 »	» 50
Dº dº par ballot ou baril. . .		» 50	» 25
Dº dº par paquet . .		» 15	» 10
Caoutchouc brut		1 »	» 50
Cardes à carder (comme intérieurs de machines à tulle), par colis de 100 kilog. et au-dessous		1 »	» 50
Carillons à musique de plus d'un hect.		2 »	1 »
Carton en feuilles.		» 50	» 25
Cascarille (écorces médicinales, comme droguerie)		1 50	» 75
Céruse (blanc de), par barrique ou tierçon.		» 50	» 35
Dº le quart		» 40	» 20

Chandelles, par colis.	»f 15	»f 10
Chapeaux en bois fin (ou bandes pour),		
comme tresses de paille fine . . .	1 50	» 75
Chocolat en caisse (comme quarts et		
balles de cacao).	» 25	» 15
Cire, par bloc ou pain	» 75	» 40
Clous de fer (prohibé).	1 »	1 »
Cobalt, vitrifié en poudre (azur) (comme		
blanc de céruse) pr barrique		
et tierçon	» 50	» 25
Do par quart	» 40	» 20
Cochenille, suron ou baril	2 »	1 »
Corail brut, la caisse.	1 »	» 50
Corail taillé, la caisse	2 »	1 »
Cordages de navires, agrès et apparaux,		
les 1,000 kilog.	» 50	» 25
Cordes de bóyaux pour instruments .	1 50	» 75
Coton, balle et demi-balle, de toute		
provenance	» 50	» 25
Coton filé	1 »	» 50
Couleurs sèches à dénommer par colis.	1 »	» 50
Couperose, par barrique de 501 kilog.		
et au-dessus.	1 20	» 60
Couperose, pr barrique de 300 à 500 k.	» 60	» 30
Coutil, par caisse ou balle	1 »	» 50
Crayons fins, par colis	1 »	» 50
Cuirs, la pièce	» 05	2f 1/2
Cuivre, brut en masses ou en plaques		
(comme aciers)	1 »	» 50

7

D.

Dents d'éléphant, les 1,000 kilog. . . 8ᶠ »   4ᶠ »
Dentelles . . . . 2 »   1 »
Drogueries, caisse et futaille au-dessus
        de 200 kilog. . . . 1 50   » 75
    Dᵒ   demi-caisse au-dessous de
        200 kilog. . . . . » 80   » 40
    Dᵒ   balle et ballot au-dessous
        de 200 kilog. . . . » 50   » 25
Duvet de cachemire brut. . . . . » 75   » 40

E.

Ecau de Cologne . . . . » 25   » 15
Eau de senteur, par caisse . . . . 1 »   » 50
Eau-de-vie de vin, par pièce, comme
        genièvre. . . 1 »   » 50
    Dᵒ   par demi-ancre,
        comme genièvre » 05   2ᶜ1/2
Ecaille de tortue, la caisse . . . . 1 »   » 50
Epices préparées (comme drogueries) . 1 50   » 75
Eponges fines, par colis (comme bou-
    chons de liége . . . . 1 »   » 50
Essences de Romarin et autres esssences 1 »   » 50

F.

Farines alimentaires et toutes autres,
    le sac ou le baril . . . . . . » 25   » 15

Ferraille (comme câbles et ancres en fer), les 1,000 kilog.	» 50	» 35
Fil de fer pour instruments de musique, par colis.	1 »	» 50
Fil de lin, par colis	1 »	» 50
Fil de poil de chèvre (comme coton filé).	1 »	» 50
Fonte de fer brute, en masses (comme câbles et ancres en fer), les 1,000 kilog.	» 50	» 25
Fonte de fer moulée, par colis	» 50	» 25
Fromage, les 100 kilog.	» 30	» 20
Fruits divers, les 100 kilog.	» 30	» 20
Futailles vides, par pièce	» 05	2 1/2

G.

Gants	1 50	» 75
Genièvre, par pièce	1 »	» 50
D° par demi-ancre	» 05	2 1/2
Glaces, par caisse.	2 »	1 »
Gommes, par barrique de 151 kilog. et au-dessus.	1 20	» 60
Graines de lin.	» 25	» 15
Grains durs à tailler (noix de corozo, etc.), par colis.	» 50	» 25
Gravures (comme papier et carton).	1 »	» 50
Gruau (comme farines alimentaires et autres), le sac ou le baril.	» 25	» 15

H.

Horloges en bois , la caisse	1ᶠ »	»ᶠ 50
Houblon , la balle.	1 »	» 50
Huile , la pièce	1 »	» 50
Dᵒ la demi-pièce.	» 60	» 40
Dᵒ le tierçon	» 40	» 25
Dᵒ le quart	» 30	» 15

I.

Indigo , le tierçon.	2 50	1 30
Dᵒ la caisse	2 »	1 »
Dᵒ le suron	1 »	» 50
Instruments de musique , par colis. .	1 »	» 50

L.

Laines (en masse ou peignée), la balle.	» 50	» 25
Laine filée (comme coton filé) . . .	1 »	» 50
Librairie. par caisse ou balle . . .	» 50	» 30
Liége en planche , les 100 kilog. . .	1 »	» 50
Lins (teillés et peignés), le tonneau de		
1,000 kilog.	» 75	» 50
Liqueurs , par caisse	» 20	» 10

M.

Machines et mécaniques , par colis de		
100 kilog. et au-dessus, les 100 kilog.	» 50	» 30

Machines (intérieurs de) à tulle, par colis de 100 kilog. et au-dessous . .	1ᶠ »	»ᶠ 50
Mélasse, par barrique de 200 à 500 kil.	1 25	» 75
Merceries, fines ou communes, pʳ colis.	1 »	» 50
Mercure en bouteille, l'une	» 10	» 05
Miel (comme mélasse)	1 25	» 75
Montres, par colis	2 »	1 »
Morue salée (comme le sel), les 1,000 k.	» 50	» 24
Mouvements de pendules (comme carillons à musique), par colis. . . .	2 »	1 »
Musc, civette et vanille, par caisse, boîte ou ballottin	1 »	» 50

N.

Nacre de perle, par tierçon	» 60	» 30
Dᵒ par caisse	» 50	» 25
Nankin, par caisse ou balle. . . .	» 50	» 25
Dᵒ le petit paquet	» 20	» 10
Nattes grossières (comme liége en planches), les 100 kilog.	1 »	» 50

O.

Objets de collection	1 »	» 50
Orfévrerie, argent, par colis . . .	2 »	1 »
Outils d'acier et acier, par caisse . .	1 »	» 50
Dᵒ dᵒ par demi-caisse et en boîte .	» 50	» 25

P.

Paille chapeau ou tresses, la caisse ou baril	1ʳ 50	»ʳ 75
Papeterie, fournitures de bureau, par colis	» 60	» 30
Papier et carton, la caisse ou baril .	1 »	» 50
Passementerie, bois, soie et paille. .	1 »	» 50
Peaux brutes de chèvre, etc. (comme pelleterie en balle)	1 »	» 50
Pelleterie, par barrique.	2 »	1 »
Dᵒ par balle.	1 »	» 50
Pierres à aiguiser, en vrac, si le nombre est connu, le 1,000.	» 20	» 12
Dᵒ si le nombre est in-- connu, les 1,000 k.	» 50	» 25
Pierres gemmes, taillées (comme corail taillé)	2 »	1 »
Planches en cuivre gravées (comme tableaux)	2 »	1 »
Plumes brutes, à écrire, par caisse ou balle.	2 »	1 »
Poils de porc, par colis	» 50	» 25
Poils propres à la chapellerie, pʳ colis.	1 »	» 50
Poivre, de toute provenance . . .	1 »	» 50
Porcelaine.	1 »	» 50
Potasse, par fût de 901 k. et au-dessus.	1 60	» 80
Dᵒ par barrique de 450 à 900 kil.	1 20	» 60

P.

Potasse, par baril. .   .   .   .   »f 40   »f 20
Poterie. .   .   .   .   » 75   » 40
Poulies de navire, agrès et apparaux,
les 1,000 kilog. .   .   .   .   » 50   » 25
Prohibées (marchandises) et destinées
pour le transit ou l'entrepôt, pr colis. 1 »   1 »

R.

Raisin Corinthe, par barrique .   .   .   . 1 »   » 50
Résines, par baril .   .   .   .   » 25   » 15
Riz, la barrique .   .   .   .   » 50 -   » 25
Do le tierçon. .   .   .   .   » 30   » 15
Roucou, par barrique ou tierçon .   .   » 80   » 40

S.

Safran, la caisse ou baril .   .   .   .   .   » 80   » 40
Salpêtre, par sac .   .   .   .   » 20   » 10
Sel, les 500 kilog. .   .   .   .   » 25   » 12
Soie filée (bourre) 2 50   1 25
Soie écrue, grège, bourre de soie
(comme soieries) 2 50   1 25
Soieries, par caisse ou balle .   .   .   2 50   1 25
Soude, par balle .   .   .   .   » 50   » 30
Soupe à la tortue (comme viandes salées) » 25   » 15
Sparres et défenses de navire, agrès et
apparaux, les 1,000 kilog. .   .   .   .   » 50   » 25
Sucre, pr barriq. de 601 k. et au dessus. 1 50   » 75

Sucre , par barrique de 400 à 600 kil. | 1f » | »f 60
Do   par tierçon . . . . | » 50 | » 30
Do   par quart. . . . . | » 30 | » 20
Do   par sac . . . . | » 25 | » 15
Do   pr caisse du Brésil, de 601 k. et au-dessus. | 1 20 | » 70
Do   do,   de 400 à 600 k. | » 80 | » 50
Do   do,   de la Havane. | » 60 | » 30
Do   par canastre . . . . | 1 » | » 60
Suif, par boucaut . . . . | 1 » | » 50
Do   par demi-boucaut ou baril . . | » 50 | » 25
Sumac, pr balle de 201 k. et au-dessus. | » 60 | » 30
Do   par sac de 100 à 200 kilog. . | » 50 | » 25

T.

Tabac (en feuilles), par boucaut de 601 à 800 kilog. . | 1 20 | » 60
Do   do   de 400 à 600 kilog. | » 90 | » 50
Do   par suron ou ballot . . . . | » 20 | » 10
Do   fabriqué . . . . | » 50 | » 25
Tableaux, la caisse . . . . | 2 » | 1 »
Tapis de laine non-prohibés, pr caisse ou balle . . . . | 1 » | » 50
Terre de Japon (comme résine). . . | » 25 | » 15
Thé, par caisse du poids de 50 à 60 k. | » 80 | » 40
Do   par demi-caisse, de 25 à 60 k. | » 50 | » 25
Do   par ballot . . . . | » 25 | » 15
Do   par huitième de caisse. . . . | » 15 | 10

Théières en métal angl., comme porcel.	1 »	»¹ 50
Tissus de pur lin (comme coutil en toile), par balle ou caisse . . .	1 »	» 50
Toile de lin	1 »	» 50
Tresses de paille fines et chapeaux de bois fins, plateaux et bandes, etc. .	1 50	» 75

V.

Viande salée, le baril.	» 25	» 15
Vin de liqueur, la pipe	2 »	1 »
D° la barriq. ou la caisse.	1 »	» 50
Vin ordinaire, d° d° .	» 25	» 15
Vitrification de toute nature. . . .	2 »	1 »
Voiles de navire, par 1,000 kilog. .	» 50	» 25

Tous les colis qui n'entreront pas réellement dans les magasins de l'entrepôt ne seront point assujettis à payer les droits ci-dessus stipulés.

Quant aux marchandises non ici désignées, le prix de magasinage en sera réglé d'après le rapport qu'elles pourront avoir avec celles détaillées ci-dessus.

Le prix du magasinage établi par mois courra pour le chargement entier du jour de l'entrée des premières pièces en magasin.

Le mois commencé sera censé accompli.

Les colis et fardeaux arrivant en entrepôt sous un seul plomb de la douane ne seront comptés que pour un seul objet, si toutefois ces mêmes colis et fardeaux sortent de l'entrepôt dans le même volume que celui sous lequel ils y sont entrés.

Dans le cas où ces colis seraient divisés, le droit de magasinage serait perçu sur chacune des caisses qui seraient expédiées partiellement.

VU ET APPROUVÉ :

Paris, le 4 juillet 1834.

Le ministre secrétaire d'État du commerce,

DUCHATEL.

RÉGLEMENT

POUR LE SERVICE

DU GRIL DE CARÉNAGE.

ARTICLE PREMIER.

L'usage du gril sera public ; mais les armateurs, consignataires, capitaines ou constructeurs ne pourront s'en servir qu'à tour de rôle et par numéro d'ordre, qui sera délivré par le préposé chargé de la surveillance du gril.

Si le bâtiment pour lequel il a été fait une demande ne vient point se placer sur le gril, il devra une indemnité d'un jour, conformément au tarif dont il sera, plus tard, fait mention ; et, de plus, il perdra son tour d'inscription, sauf le cas de force majeure légalement justifié.

ART. 2.

Le capitaine d'un navire au gril devra faire enlever les étoupes et débris des coutures refaites et remettre ledit gril en le quittant dans le même état où il l'aura trouvé en s'y plaçant.

Il sera également tenu de disposer sur le quai, devant son navire, des futailles remplies d'eau, ou de les placer sur le plancher du gril, pour prévenir tout incendie.

Art. 3.

Il est défendu aux constructeurs ou autres d'allumer du feu pour nettoyer des navires au gril sans en avoir prévenu le préposé chargé de la surveillance de cet établissement.

Art. 4.

Les avaries et dommages qui pourraient être occasionnés par les navires placés au gril seront à leur charge.

Art 5.

La rétribution à payer par les navires est fixée à dix centimes par tonneau et par jour de résidence sur le gril, en ne comptant le jour de l'arrivée et celui du départ que pour un jour seulement.

La jauge de douane servira de base pour établir le décompte de ce qui sera dû.

Art. 6.

Indépendamment de la rétribution ci-dessus, fixée à dix centimes par tonneau, il sera payé au gardien-nettoyeur du gril un franc cinquante centimes par jour, pour ceux au-dessous de cinquante tonneaux, et deux francs aussi par jour pour tous ceux au-dessus.

Le gardien-nettoyeur du gril est chargé de se pourvoir à ses frais de rateaux, balais et ustensiles nécessaires.

Art. 7.

Les navires ne seront admis à se placer sur le gril que lèges ou sur lest et les mâts d'hune calés, à moins d'autorisation donnée par la Chambre ; auquel cas, la rétribution sera augmentée de moitié de celle fixée par le tarif.

Fait en Chambre de Commerce, à Calais, le 13 novembre 1837.

> C. Matis fils, *président;* Ph. Devot, Champailler fils aîné, P.-A. Martin, Manier, Bodart aîné, Jacques Leveux, Vendroux, L. Dessin, Duniagou-Pecquet.

Vu et approuvé le Réglement ci-dessus.

Paris, le 25 novembre 1837.

> *Le ministre des travaux publics, de l'agriculture et du commerce.*

> H. Martin.

TARIF DES LOYERS DES CORDAGES,

APPROUVÉ PAR M. LE MINISTRE DU COMMERCE LE 2 JUIN 1829.

DÉSIGNATION DES CORDAGES ET APPARAUX.	Les bateaux de pêche français.		Les bâtiments français au-dessous de 100 tonneaux.		Les bâtiments français au-dessus de 100 tonneaux.	
Ligne de 27 fils et de 60 brasses.	1 fr.	»	1 fr.	50	2 fr.	»
Cordage de 1 1/2 pouce , de 120 brasses . .	1	25	1	75	2	25
Id. de 2 pouces, d° . .	1	50	2	»	2	50
Id. de 2 1/2 d° d° . .	2	»	4	»	5	33
Id. de 3 d° d° . .	2	75	5	33	7	»
Id. de 3 1/2 d° d° . .	3	25	6	66	8	66
Id. de 4 1/4 d° d° . .	4	»	8	»	10	66
Id. de 4 1/2 d° d° . .	6	»	12	»	16	»
Id. de 5 d° d° . .	6	75	13	33	17	66
Id. de 5 1/2 d° d° . .	8	92	16	»	21	33
Id. de 6 d° d° . .	9	25	18	66	24	16
Id. de 6 1/2 d° d° . .	11	»	24	66	29	33
Id. de 7 1/4 d° d° . .	13	15	26	66	35	33
Pour s'amarrer ou touer dans l'intérieur du port	»	75	2	»	3	»
Pour galoche ou poulie coupée.	»	50	1	50	2	»
Pour les poulies d'appareil						

Désignation						
...u. de / 1,4 d² d²	13	15	26	66	35	33
Pour s'amarrer ou touer dans l'intérieur du port	»	75	2	»	3	»
Pour galoche ou poulie coupée	»	50	1	50	2	»
Pour les poulies d'appareil	1	»	3	»	5	»
Cabestan non-garni de la jetée d'Ouest	3	»	10	»	15	»
Cabestan non-garni de la jetée d'Est	1	50	5	»	7	50

Le prix de la location des cordages de petites dimensions jusqu'à deux pouces ne sera que de moitié des prix ci-dessus fixés, lorsqu'ils ne serviront qu'à s'amarrer au bout d'une haussière envoyée du bâtiment.

Il sera payé un tiers en sus pour les cordages au-dessus de 120 brasses.

Les bâtiments étrangers paieront moitié en sus.

Le prix sera double pour les cordages et apparaux employés à des renflouements : pour chaque marée qui suivra la première, il sera payé moitié du prix de celle-ci.

Le transport des cordages demandés pour la côte sera aux frais des navires et payé en sus du tarif.

L'augmentation du tiers et de moitié stipulée pour les cordages aux articles qui précèdent, est applicable aux cabestans.

Outre la rétribution ci-dessus, les avaries et détériorations seront payées à dire d'experts, lorsqu'il en surviendra.

Il sera perçu pour déplacement d'un cordage, et selon sa grosseur, un droit de 2 à 5 fr.

Toutes les fois qu'un grelin mis à bord d'une embarcation aura été disposé et en partie mouillé, il sera perçu un droit de 5 à 20 francs, à raison de sa grosseur.

TARIF

DES GRUES ET AUTRES APPARAUX,

Approuvé par décret impérial du 12 août 1852.

SERVICE DES GRUES.

MARCHANDISES.

Loyer, soit pour embarquement soit pour débarquement, pour toute espèce de marchandises :

De 1 à 10 tonneaux, par tonneau de 1,000 kil.	1f 25
De 1 à 20 do do	» 50
Au-dessus de 20 do	» 25
Mises sur rances au débarquement, par tonneau en sus	» 20
Loyer de la grue pour mâture	2 »

VOITURES, CHEVAUX, ETC.

Embarquement ou débarquement d'une voiture

à 4 roues, avec bagages	8 »
Idem, sans bagages	7 »
Idem, à 2 roues, avec ou sans bagages . .	4 »

Embarquement ou débarquement d'un cheval.   6ʳ »

D'un poney, d'un âne, d'un bœuf ou d'une vache.   1 50

D'un mouton ou d'un porc . . . .   » 25

Nota. Si, au lieu de se servir des grues pour l'embarquement ou le débarquement des voitures, chevaux, etc., on emploie les coulisses ou ponts volants, la perception sera la même.

Loges pour le transport des chevaux. — Loyer pour chaque loge :

Pour un cheval allant à Douvres   . . . . .   9ʳ »

Pour un cheval allant à Londres 12 50

DISPOSITIONS RÉGLEMENTAIRES.

1º Dans tous les prix ci-dessus, la main-d'œuvre se trouve comprise. Il ne pourra donc être rien exigé au-delà par les préposés de la chambre.

2º La chambre se réserve le choix de ses employés, qui, seuls et à l'exclusion de tous autres, seront chargés du service des grues et autres apparaux, dont ils seront responsables.

3º Les grues du quai des paquebots ne pourront être employées pour lever un poids supérieur à 3,500 kilog. Pour la grue du quai de marée, le poids maximum sera de 3,000 kilog.

Toute avarie occasionnée par l'enlèvement de poids supérieur restera à la charge des personnes qui auraient ainsi employé les grues.

RÉGLEMENT

DU LESTAGE ET DÉLESTAGE

DANS LE PORT DE CALAIS.

Dispositions extraites du cahier des charges (*),

Approuvé par M. le préfet du Pas-de-Calais le 14 mai 1852.

ARTICLE PREMIER.

Le lestage des navires dans le bassin à flot sera permis toutes les fois que la nécessité en sera reconnue par l'officier du port.

ART. 2.

L'entrepreneur fournira exclusivement tout le lest

(*) Ces dispositions sont celles qui intéressent le public; les autres ne concernent que l'entrepreneur.

qui sera nécessaire aux navires de commerce, sauf les exceptions prévues par les articles 11 et 12.

Art. 3.

Il fera enlever et porter aux lieux de dépôt qui lui seront désignés toutes espèces de matières provenant du délestage, sauf celles destinées à être réembarquées conformément à l'article 12.

Art. 4.

Le lest sera du sable plus ou moins mouillé, ou les matières provenant du délestage.

Art. 7.

Le tonneau de lest pèsera 1,000 kilog. A cet effet, il devra être composé d'au moins 60 centièmes de mètre cube de sable ou de matière provenant du délestage.

Art. 8.

Le tonneau de lest sera payé 59 centimes. Il devra être, par l'entrepreneur, déposé sur le quai au-devant du navire, ou amené par bateaux contre ses flancs.

L'entrepreneur aura droit de plus à 9 centimes par tonneau lorsque l'embarquement du lest sera fait par ses ouvriers.

Lorsque le lestage des navires aura lieu dans le bassin à flot, le tonneau de lest sera payé 15 cent. de plus ; moyennant cette rétribution, l'entrepreneur sera tenu de fournir tous les apparaux nécessaires pour empêcher le sable de tomber dans le bassin, et notamment ceux qui sont prescrits par l'article 5 du chapitre V du réglement de police du port.

Art. 9.

Dans le cas où l'entrepreneur aurait en sa possession des pierres, des galets ou toute autre matière habituellement désignée comme lest de choix, il pourra les céder de gré à gré aux capitaines et armateurs qui en feraient la demande ; mais il ne devra en aucun cas exiger d'eux plus de 1 fr. 18 cent. par tonneau de lest mis à bord.

Art. 10.

Tout lest à terre appartiendra à l'entrepreneur, sauf l'exception prévue par l'article 12.

L'enlèvement de ce lest sera payé à raison de 30 cent. par tonneau pris sur le pont du navire, quand le délestage sera fait par les bateaux et les ouvriers de l'entrepreneur ; 15 cent. si le délestage est fait par les ouvriers de l'entrepreneur, le navire étant bord à quai, vis-à-vis le lieu de-dépôt ; enfin, dans ce dernier cas, l'entrepreneur n'aura rien à prétendre quand l'équipage du navire déchargera lui-même le lest et le portera au lieu de dépôt.

Ces dispositions ne s'appliquent du reste qu'aux matières qui n'ont de valeur que comme lest ; toutes les autres rentrant naturellement dans la classe des déchargements ordinaires.

Art. 11.

L'entrepreneur ne pourra non plus exiger aucune

rétribution pour les transbordements de lest qui pourraient avoir lieu de navire à navire, après autorisation des officiers de port. Mais quand ce transbordement sera fait par ses ouvriers, il lui sera payé 30 centimes par tonneau de lest transbordé, dont moitié par chaque navire.

Art. 12.

Tout navire qui débarquera son lest pour cause de réparations aura la faculté de le réembarquer ; et dans ce cas, l'entrepreneur n'aura aucun droit à exercer sur ce lest. Celui-ci ne devra être déposé que dans l'endroit qui sera spécialement désigné au capitaine ou à l'armateur du navire, et il ne pourra être réembarqué qu'autant que, dans l'intervalle, il n'aura été fait aucune opération de charge.

Art. 14.

Toute demande de lest devra être adressée par écrit au bureau des officiers de port, qui ne permettront la sortie des navires que sur la présentation de l'acquit des frais de lestage.

Art. 15.

Dans les vingt-quatre heures qui suivront cette demande, le navire sera tenu de recevoir son lest ; s'il n'est pas en mesure, le tour d'inscription sera perdu, sauf dans le cas d'empêchement dûment constaté par les officiers de port.

Art. 23.

Conformément au décret du 2 ventôse an XI, aucun autre que l'entrepreneur ne pourra s'immiscer directement ou indirectement dans le service du lestage, à peine d'amende et de tous dommages et intérêts envers cet entrepreneur.

RÈGLEMENT DÉCLARATIF DES USAGES

DU PORT DE CALAIS

Concernant :

1° Les jours de planche et les frais de surestarie ;
2° Le chargement et le déchargement des navires,

Arrêté par le Tribunal de commerce suivant délibération du 15 mai 1852.

§ 1er.

JOURS DE PLANCHE ET FRAIS DE SURESTARIE.

ARTICLE PREMIER.

Il est établi pour la quotité des jours de planche plusieurs classes entre les navires, suivant leur chargement ou leur tonnage, à savoir :

Une classe pour les navires chargés de sel ;

Une pour les navires chargés de houille ;

Une pour les navires chargés de toutes autres espèces de marchandises ;

Cette dernière classe se divisera de la manière suivante :

1º Navires de   50 tonneaux de jauge et au-dessous.

2º	—	50	—	à 100.
3º	—	100	—	à 200.
4º	—	200	—	et au-dessus.

Art. 2.

Il est accordé :

1º Aux navires chargés de sel :

Au-dessous de 100 tonneaux de marchandises, huit jours ouvrables ;

De 100 à 200 tonneaux de marchandises, douze jours ouvrables ;

Et au-dessus de 200 tonneaux, quinze jours ouvrables.

2º Aux navires chargés de houille, quel que soit leur tonnage, un jour ouvrable pour 21,000 kilog. de marchandises. Les fractions au-dessus de 21,000 kilog. compteront pour un jour.

3º Aux navires chargés de toutes autres marchandises :

Au-dessous de   50 tonneaux de jauge,   4 jrs ouvrabl.

De	50	—	à 100,	7	—
De	100	—	à 200,	10	—
De	200	— et au-dessus,	15	—

Art. 3.

Les jours de planche commenceront à courir, en

supposant le navire placé, soit au quai à lui désigné, soit au bassin à flot, par les officiers de port, vingt-quatre heures après avis donné par le capitaine aux consignataires et la déclaration de gros faite en douane.

Art. 4.

Pour les navires en cueillette, les consignataires seront tenus de faire en douane leur déclaration de détail dans les vingt-quatre heures de l'accomplissement par les capitaines des formalités qui leur sont imposées par l'article ci-dessus.

Toutefois, si le capitaine s'était mis en règle avant l'expiration des vingt-quatre heures qui lui sont imposées, les consignataires pourraient réclamer le bénéfice du délai entier et leur temps ne compterait qu'à partir de la fin de ces vingt-quatre heures.

En cas de retard de la part des consignataires, le capitaine fera ordonner immédiatement, par simple ordonnance du tribunal de commerce, la mise en dépôt des marchandises laissées à son bord, le tout aux frais des retardataires.

Art. 5.

Les frais de surestarie seront réglés de la manière suivante, tant pour l'équipage que pour les navires :

1º Pour les navires de 150 tonneaux de jauge et au-dessous, 50 cent. par tonneau et par jour.

2º Pour les navires de 150 tonneaux et au-dessus, 40 cent. par tonneau et par jour.

§ II.

CHARGEMENT ET DÉCHARGEMENT DES NAVIRES.

Section Iʳᵉ.

NAVIRES CHARGÉS EN CUEILLETTE.

ENTRÉE.

Art. 1ᵉʳ.

Les capitaines seront tenus de mettre, à leurs frais et risques, la cargaison en bélandre ou à quai, au choix des réclamateurs, et de ranger les colis sur le quai par marque ; leur responsabilité ne cesse, pour les marchandises à quai, qu'après qu'elles ont été vérifiées par la douane ; cette vérification a lieu chaque jour, environ une heure avant la fermeture des bureaux pour les caboteurs.

La responsabilité des capitaines cessera à bord des bélandres lorsque la marchandise aura été déposée dans la cale de ces embarcations et que le palan de charge aura été retiré.

Pour les navires en cueillette venant de l'étranger, la responsabilité des capitaines cesse après la mise à terre et l'arrangement des colis par marque.

Les paquebots à vapeur venant de l'étranger sont soumis à ce régime.

SORTIE.

Art. 2.

Les colis sont amenés en bélandre, le long du bord, ou sur le quai en face du navire, aux frais des chargeurs; le capitaine en devient responsable, sauf le cas de force majeure, après que la vérification en a été faite et que la marchandise a été mise à sa disposition. L'embarquement et l'arrimage s'opèrent aux frais et risques du navire.

Les bateaux à vapeur sont soumis à cette règle.

Section II.

DES NAVIRES CHARGÉS EN VRAC OU EN GRENIER.

ENTRÉE.

NAVIRES DE TOUTES PROVENANCES.

Art. 3.

Pour les chargemens de grains, graines, sel, houille et similaires, le capitaine doit livrer la marchandise à hauteur de quai, si la pesée se fait sur le quai; il doit la livrer sous palan dans la bélandre, si la pesée se fait dans cette embarcation; si la pesée se fait sur le pont du bâtiment, le capitaine doit livrer la marchandise à l'endroit du pont où la pesée a lieu; si la pesée se fait dans la cale, le capitaine doit néanmoins livrer la marchandise sur le pont. Le travail dans la cale, le halage à terre et la pesée sont à la charge du réceptionnaire de la marchandise.

Pour les ardoises, le capitaine est tenu de les extraire de la cale et de les livrer sur le bord du quai ou de la bélandre, où les ouvriers du consignataire les prennent au fur et à mesure et les comptent.

Pour les pierres à plâtre, le capitaine les doit livrer également sur le quai.

Enfin, le capitaine doit livrer sur le quai, ou sous palan, à bord des bélandres qui seront le long de son bord, toute espèce de marchandises en fûts ou sous emballage, qui ne sera ni pesée, ni mesurée à bord. Les lins, chanvre, étoupes, les métaux bruts ou ouvrés, les bois, planches, battens, madriers, goudron, brais, sont aussi soumis à ce régime. Toutes ces marchandises doivent être rangées sur le quai par le capitaine.

NAVIRES DU NORD.

Art. 4.

Les madriers, planches, battens, les fers, goudrons et brais, doivent être débarqués et rangés sur le quai par le capitaine.

Les poutres qui peuvent être flottées sont débarquées et mises à l'eau par le capitaine; elles sont ensuite cramponnées et gardées par les ouvriers du réceptionnaire.

Les poutrelles sont débarquées par les gens de l'équipage, au moyen d'un pont volant établi sur l'avant ou l'arrière du navire, et hissées sur le quai par les ouvriers du réceptionnaire.

SORTIE.

POUR TOUTES DESTINATIONS.

Art. 5.

Les grains, graines, sels, etc., sont pris par le capitaine sous le palan ; les pierres de taille sont également prises sous palan, soit du quai, soit des bélandres.

Les bois, les métaux bruts ou ouvrés et similaires, les colis de marchandises, sont amenés, ou en bélandre, le long du bord, ou sur le quai en face du navire, aux frais des chargeurs. Le capitaine en devient responsable après que la vérification en a été faite et que la marchandise a été mise à sa disposition. L'embarquement et l'arrimage s'opèrent aux risques et frais dudit capitaine. Si les blocs de pierre, pièces de fer, de bois ou similaires sont trop lourds pour les apparaux du navire, ils sont embarqués à la grue ou au moyen de bigues, et dans ce cas, aux frais et risques des chargeurs.

§ III.

NAVIGATION INTÉRIEURE DE ST.-PIERRE-LÈS-CALAIS ET DE CALAIS.

US ET COUTUMES POUR LE CHARGEMENT ET LE DÉCHARGEMENT DES BÉLANDRES.

1° Il est accordé au commerce dix jours ouvrables

de planche pour le déchargement des bateaux, lesquels comptent du moment où le batelier a prévenu le consignataire ; le jour d'arrivée n'est pas compris.

2° Au-delà de dix jours, il est alloué au batelier pour indemnité de retard :

7 fr. 50 par jour pour les bat. de 50 ton. et au-dessus.

5 » — — — de 25 à 50 tonneaux.

1 » — — — au-dessous de 25 ton.

3° Les bateliers sont obligés de placer leurs bateaux au rivage de St.-Pierre lès-Calais et de Calais, à l'endroit indiqué par le réceptionnaire, sauf le cas de force majeure.

4° Les bateliers qui auraient 20 tonneaux ou plus pour un destinataire sont tenus de se rendre au bassin à flot, temps servant, si ce réceptionnaire l'exige.

5° Le chargement du bateau est au compte des destinataires, qui doivent prendre les marchandises à bord des bélandres.

6° Les bois du Nord et autres étant déposés sur le quai vis-à-vis les bélandres, l'embarquement se fait par les bateliers, à leurs compte, risques et périls.

§ IV.

DISPOSITIONS GÉNÉRALES.

ARTICLE UNIQUE.

Il est bien entendu que le présent réglement ne fera loi qu'à défaut de conventions spéciales entre les parties, dans les chartes-parties, lettres de voiture ou actes authentiques.

TABLEAU

*des Marchandises qui peuvent être vendues aux en-
chères publiques, par les courtiers de commerce près
la Bourse de Calais, dressé par les membres du tribunal de commerce séant en ladite ville, en exécution
du décret du 17 avril 1812.*

Acides de toutes espèces.
Acier.
Agrès et apparaux de na-
vires.
Alizaris.
Alun.
Amidon.
Anis.
Ardoises.
Argent vif.
Avoine.
Baumes.
Beurre.
Bières.
Blés.

Bois de toutes espèces.
Borax.
Brai.
Briques et Tuiles.
Bestiaux.
Cacao.
Cafés.
Camphre.
Canelle.
Caret.
Carreaux de toutes espèces.
Cercles.
Céruse.
Chanvre.
Chapeaux.

Charbons.
Chocolats.
Cidre et Poiré.
Cires de toutes espèces.
Clous.
Cochenille.
Colles.
Colzats.
Confitures.
Corail.
Cordages.
Cotons de toutes espèces.
Couleurs de toutes espèces.
Couperose.
Cendres de toutes espèces.
Coutellerie.
Crayons.
Crême de tartre.
Cuirs de toute espèces.
Cuivres de toutes espèces.
Curcuma.
Dents d'éléphants.
Douves.
Draps.
Drogueries.
Eau forte.
Eaux-de-vie et Esprits.
Ecorces.
Epicerie.

Epingles.
Eponges.
Essence de térébenthine.
Etain.
Fanons de baleine.
Farines.
Faïence.
Ferblanc.
Fer de toutes espèces.
Fèves.
Fils de toutes espèces.
Fromages.
Fruits verts et secs.
Futailles vides.
Galles.
Garance.
Garou.
Genièvre.
Gingembre.
Giroffle.
Gommes.
Goudron.
Grains de toutes espèces.
Graines de toutes espèces.
Houblon.
Huiles de toutes espèces.
Indigo.
Ipécacuanha.
Ivoire.

Jalap.
Joncs et roseaux.
Kermès.
Légumes secs.
Laines.
Librairie.
Liége.
Lin.
Liqueurs.
Litarge.
Manganèse
Manne.
Marbres.
Mélasse.
Mercerie de toutes espèces.
Meûles.
Miel.
Mine de plomb.
Minium
Morues.
Muscades.
Nacre de perle.
Nankin.
Navires.
Opium.
Orge.
Papiers.
Parfumerie.
Peaux de toutes espèces.

Piment.
Plomb.
Plâtre.
Poils de toutes espèces.
Pierres-ponces et autres
Poissons salés et secs.
Poivre.
Poix.
Porcelaines.
Potasse.
Poterie.
Quercitron.
Quincaillerie.
Quinquina.
Réglisse.
Résine.
Rhubarbe.
Rhum.
Riz.
Rocou.
Rogues.
Safran.
Safranum.
Salaisons.
Salsepareille.
Savons.
Seigle.
Sels.
Sirops.

Soies de toutes espèces.

Soufre.

Soudes.

Sucres de toutes espèces.

Sucrion.

Suif.

Sumac.

Tabacs.

Tafia.

Thés.

Tissus de toutes espèces.

Toiles de toutes espèces.

Tournesol.

Vanille.

Vannerie.

Vernis.

Verres et cristaux.

Verdet.

Viandes salées.

Vinaigres.

Vins.

Wédasses.

Zinc.

Le présent Tableau fait et arrêté à Calais, le 19 octobre 1819, pour être soumis à l'approbation de S. Exc M. le ministre de l'intérieur.

Signé PH. DEVOT, ISAAC l'aîné, C^{en}. MATIS et PARENTY.

Vu et approuvé :

Paris, le 31 octobre 1819.

Le ministre secrétaire d'État au département de l'intérieur,

Signé le Cte DECAZE.

DÉCRET

Relatif aux Feux que les navires de l'État et du commerce doivent porter pendant la nuit.

ARTICLE PREMIER.

A l'avenir, tous les navires à vapeur et à voiles de l'État porteront, depuis le coucher du soleil jusqu'à son lever, des feux dont la couleur et la disposition sont indiquées ci-après pour chaque espèce de bâtiment.

ART. 2.

Les navires à vapeur, à roues ou à hélice, lorsqu'ils feront route soit au large, soit près des côtes, soit dans l'intérieur des ports, des rades, des baies et des rivières, porteront :

1º Un feu blanc en tête du mât de misaine ;

2º Un feu vert à tribord ;

3º Un feu rouge à bâbord, et, lorsqu'ils seront à l'ancre, un feu blanc ordinaire en tête du mât de misaine.

Le feu de tête de mât devra être visible de nuit, avec

une atmosphère claire, à une distance d'au moins 5 milles, et le fanal sera construit de telle sorte que sa lumière soit uniforme et non interrompue dans un arc de vingt rumbs de vent (223°), c'est-à-dire depuis le cap du bâtiment jusqu'à deux quarts en arrière du travers de chaque bord.

Les feux de couleur devront être visibles d'une distance d'au moins 2 milles, par une nuit claire, et les fanaux construits de manière à ce que la lumière embrasse, sans interruption ni variation d'éclat, un arc de l'horizon de dix quarts (112° 30'), c'est-à-dire depuis le cap du navire jusqu'à deux quarts de l'arrière du travers du bord où ils sont placés.

Les fanaux de côté seront construits de telle sorte qu'on ne puisse apercevoir leur lumière à travers le bâtiment.

Le fanal employé au mouillage devra donner une bonne lumière tout autour de l'horizon.

Art. 3.

Les bâtiments à voiles de l'État, marchant à la voile, ou à la remorque, ou à la touée, ou s'approchant d'un autre navire, ou en étant approchés, seront tenus de porter, entre le coucher et le lever du soleil, une lumière brillante, placée de façon à être aperçue par tout autre navire et en temps suffisant pour éviter un abordage.

Les navires à voiles de l'État, étant à l'ancre sur une rade, seront aussi tenus de hisser en tête du mât, entre le coucher et le lever du soleil, un feu clair et continu, excepté dans les ports où des réglements particuliers prescriraient d'autres feux de position.

Toutefois, lorsque les bâtiments de guerre mouillés sur une rade auront besoin de signaler leur position d'une manière plus complète, ou suivant l'ordre de service établi dans une division navale à laquelle ils appartiennent, ces bâtiments se conformeront aux instructions générales de la tactique navale (art. 51, pages 309 et 310).

Le fanal à l'usage des navires à voiles, quand ils seront à l'ancre, devra être installé de façon à éclairer tous les points de l'horizon.

Art. 4.

Tout navire de commerce à voiles et à vapeur sera tenu de se conformer rigoureusement aux dispositions applicables aux navires à voiles et à vapeur de l'État, excepté en ce qui concerne les feux de position prescrits par la tactique navale (1).

---

(1) M. le ministre de l'agriculture, du commerce et des travaux publics, consulté par la Chambre de commerce de Calais, a, par dépêche du 25 mars 1857, et après avoir pris l'avis de M. le ministre de la marine, décidé que le décret du 17 août 1852 est d'ordre général et oblige tous les capitaines, maîtres ou patrons, et notamment doit être exécuté à bord des bateaux faisant la pêche au chalut.

Il n'existe d'exception à cette règle que pour les bateaux

Art. 5.

Tous les réglements antérieurs relatifs aux feux que doivent porter les navires à vapeur sont et demeurent abrogés.

Art. 6.

Des instructions spéciales détermineront l'emploi des feux dont il est fait mention dans les articles précédents.

Art. 7.

Le ministre secrétaire d'État de la marine et des colonies est chargé de l'exécution du présent décret.

Fait au palais de St.-Cloud, le 17 août 1852.

Signé LOUIS-NAPOLÉON.

Par le prince-président de la République :

Le ministre secrétaire d'État de la marine et des colonies,

Signé TH. DUCOS.

---

pêchant en flotte avec des filets dérivants , lesquels, en vertu de l'art. 67 du décret du 4 juillet 1853 portant réglement sur l'exercice de la pêche côtière, ne doivent faire connaître leur position qu'à l'aide de feux intermittents. Cet article est ainsi conçu : « Les bateaux pêchant la nuit sous voiles avec des filets dérivants montreront des feux à intervalles rapprochés pour faire connaître leur position. Ils sont munis à cet effet d'un vase contenant de l'essence de térébenthine, dont ils imbibent un pinceau qu'ils allument ensuite. »

Éclairage des Bâtiments à Vapeur.

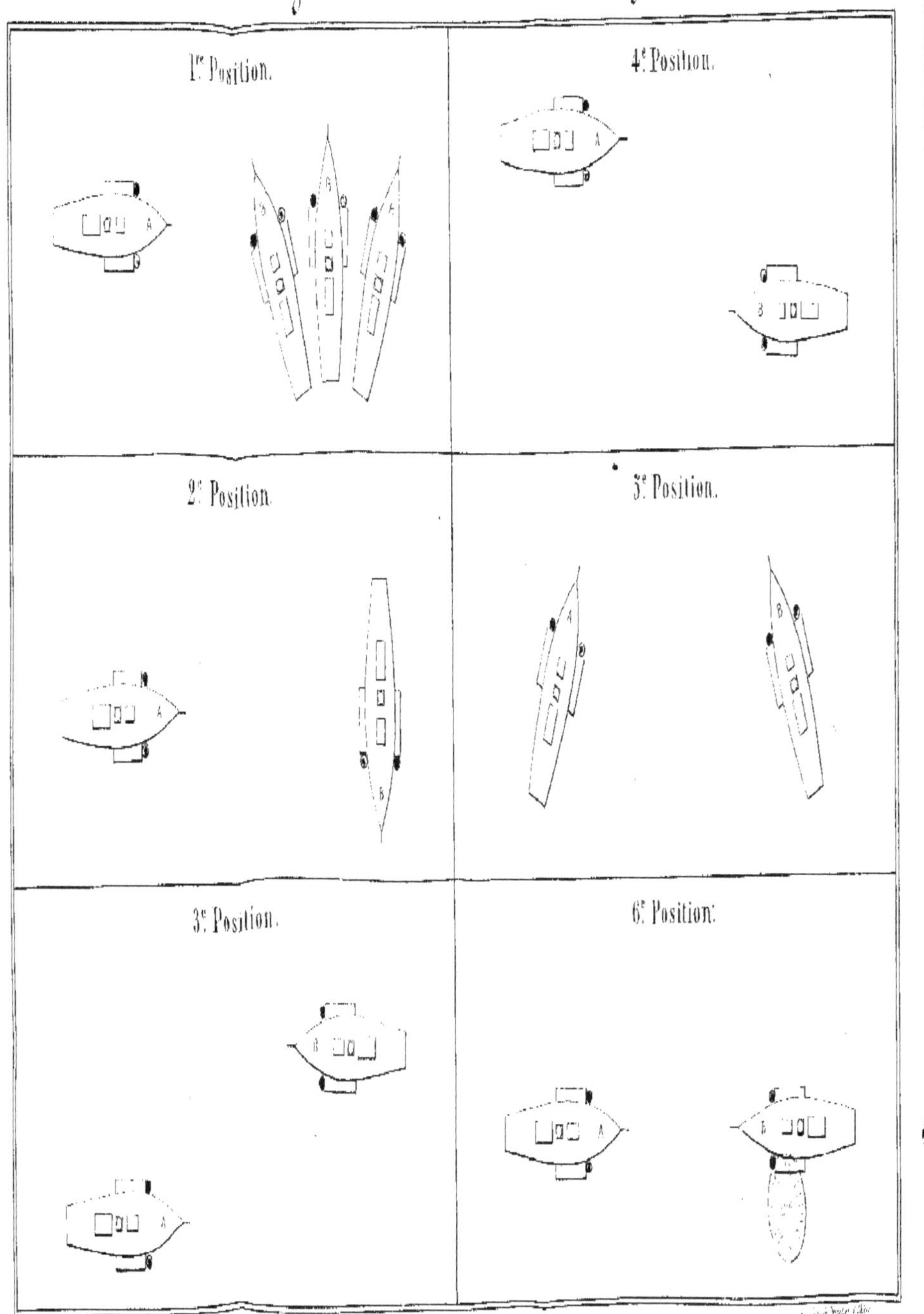

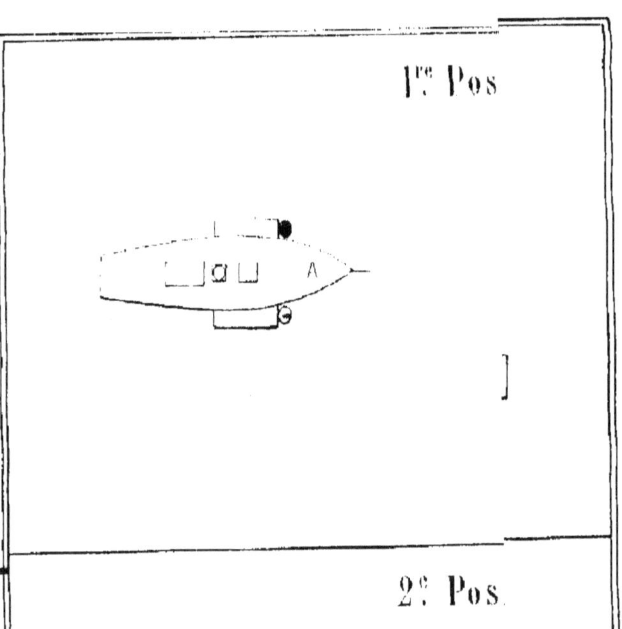

1re Pos
2e Pos

Règlement ayant pour but de préciser l'usage des Feux.

(Voir la planche ci-jointe.)

PREMIÈRE POSITION.

Dans cette position, le vapeur A ne voit que le feu rouge du vapeur B, quelle que soit celle des trois directions du plan que B suive, attendu que le feu vert de ce dernier reste toujours masqué. A est donc bien sûr que B lui présente le côté de bâbord et qu'il gouverne de manière à lui couper la route de tribord à bâbord ; A peut donc en toute confiance, s'il fait assez noir pour qu'il redoute un abordage, venir sur tribord : il ne court aucun risque de rencontrer B. D'un autre côté, B, dans ses trois positions, voit le feu rouge, le feu vert et le feu de tête de A, il les voit sous forme de triangle et sait par là que A court droit sur lui. B manœuvre en conséquence.

Il est à peine nécessaire de faire remarquer que les feux de tête de mât seront visibles de part et d'autre jusqu'à ce que le travers de chacun des vapeurs ait été dépassé de deux quarts sur l'arrière du travers.

DEUXIÈME POSITION.

A ne voit que le feu vert de B, ce qui lui indique clairement que B lui coupe la route de bâbord à tribord.

B voit au contraire les trois feux de A, et en conclut qu'un vapeur court droit sur lui.

TROISIÈME POSITION.

A et B voient respectivement leurs feux rouges ; les feux verts sont masqués par les écrans. Il est évident que les deux navires passeront à bâbord l'un de l'autre.

QUATRIÈME POSITION.

A et B voient respectivement leurs feux verts. Les feux rouges sont masqués par les écrans. Les deux navires passeront à tribord l'un de l'autre.

CINQUIÈME POSITION.

Les deux vapeurs A et B, apercevant l'un et l'autre leurs feux colorés, sauront qu'ils marchent directement l'un sur l'autre. Dans cette circonstance, ils porteront tous deux la barre à bâbord.

Instructions pour disposer les Feux.

La manière d'établir les feux de couleur doit être l'objet d'une attention particulière. Ces feux devront être pourvus d'un écran en dedans du bord, de manière à empêcher qu'on puisse les apercevoir autrement que droit devant.

Ceci est très-important ; car sans les écrans, ou une installation particulière des fanaux en tenant lieu, aucune combinaison des feux de côté ne saurait donner une indication précise de la route suivie par la navire.

L'évidence de ce fait résulte de l'inspection des figures qui précèdent. Dans tous les cas, on verra clairement que, dans quelque position où deux navires puissent se trouver pendant la nuit, les feux colorés leur indiqueront réciproquement et instantanément leur route, c'est-à-dire que chacun d'eux saura si l'autre marche sur lui directement, ou lui passe par le travers à tribord ou à bâbord. Cette indication est tout ce que l'on peut demander pour mettre les navires en état de naviguer par la nuit la plus sombre avec presque autant de sécurité qu'en plein jour ; indication faute de laquelle ont eu lieu tant de déplorables accidents.

Les capitaines ou les armateurs des navires à vapeur et à voiles du commerce pourront prendre un modèle des fanaux employés à l'usage ci-dessus indiqué à bord de tous les bâtiments de guerre, ou dans les arsenaux de la marine militaire.

ERRATA.

Page 7, ligne 3 : *et s'étendant ;* lisez : *et s'étendent.*

Page 8, première ligne de la note : *ancien ;* lisez : *c'est l'ancien.*

Page 9, ligne 4 en remontant : *ou à l'ignorance ;* lisez : *ou à leur ignorance.*

Page 12, ligne 12 de la note, en remontant : *au large O. de Calais ;* lisez : *au large de Calais.*

Page 17, ligne 9 en remontant : *reste au S. 38° E ;* lisez : *reste au S. 38° O.*

Page 19, ligne 7 en remontant : *sur le parallèle, le phare de Calais ;* lisez : *sur le parallèle du phare de Calais.*

Page 23, ligne 4 en remontant : *composées du midi vrai ;* lisez : *comptées du midi vrai.*

Nota. Pour tirer tout le parti possible des indications sommaires placées en tête de ce manuel, il est nécessaire d'avoir sous les yeux la carte des côtes de France, *partie comprise entre le cap Gris-Nez et la frontière de Belgique,* levée en 1836 par les ingénieurs hydrographes de la marine, sous les ordres de M. Beautemps-Beaupré, et publiée en 1841.

Cette carte se trouve dans le commerce et ne se vend que 2 fr. Elle porte au dépôt de la marine le n° 1,527. (Deuxième édition. — 1855.)

TABLE DES MATIÈRES.

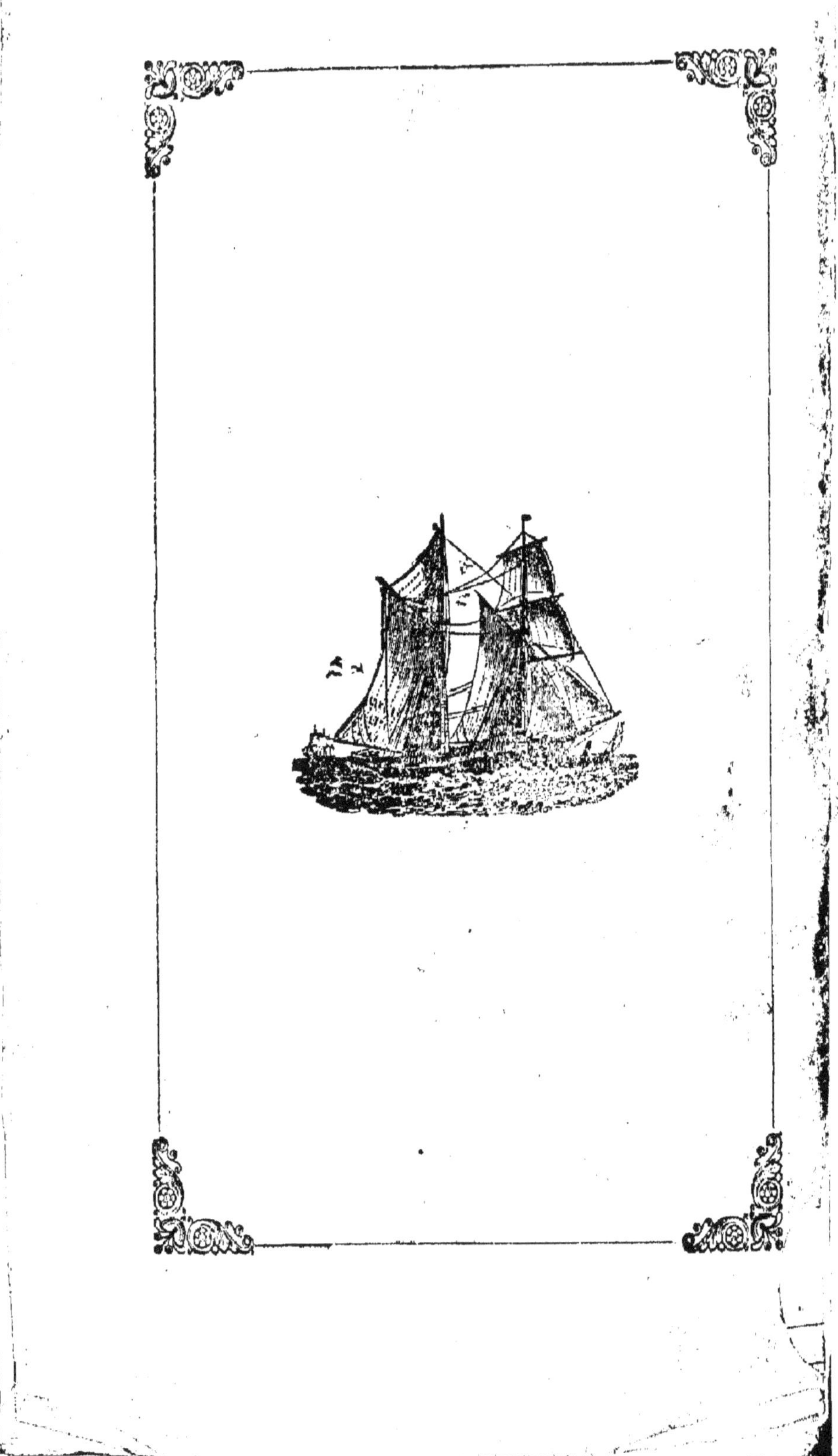